KB203172

한국교회사에 묻는
열일곱 개의 질문

연세신학문고 8
한국교회사에 묻는 열일곱 개의 질문

2017년 6월 17일 인쇄
2017년 6월 23일 발행

지은이 | 박종현
펴낸이 | 김영호
펴낸곳 | 도서출판 동연
편 집 | 박연숙 디자인 | 황경실 관리 | 이영주
등 록 | 제1-1383호(1992년 6월 12일)
주 소 | (우 03962) 서울시 마포구 월드컵로 163-3
전 화 | (02) 335-2630
팩 스 | (02) 335-2640
이메일 | yh4321@gmail.com / h-4321@daum.net

Copyright ⓒ 연세대 한국기독교문화연구소, 2017

이 책은 저작권법에 따라 보호받는 저작물이므로, 무단 전재와 복제를 금합니다.
잘못된 책은 바꾸어 드립니다.
책값은 뒤표지에 있습니다.

ISBN 978-89-6447-317-7 03200
ISBN 978-89-6447-230-9 03200(세트)

연세신학문고 008

한국교회사에 묻는 열일곱 개의 질문

박종현 지음

동연

머 리 말

한국 기독교의 역사는 1884년 9월 미국 북장로교 선교사 호레이스 알렌이 입국한 이래 132년이 흘렀다. 한 세기를 넘겨 기독교는 한국에서 가장 영향력 있는 종교가 되었다. 지난 한 세기를 지나오면서 한국의 기독교는 외적으로는 굴지 규모의 교회로 성장하였을 뿐 아니라 세계적으로는 두 번째로 많은 선교사를 파송하였고 막대한 규모의 재정과 프로그램을 갖춘 20세기 기독교 선교의 최고의 열매가 되었다.

그러나 2010년대에 접어들면서 교회의 일각에서는 교회의 윤리와 행위의 불일치를 지적하는 목소리가 커지기 시작하였다. 거대한 성장의 이면에는 이러한 교회의 성장이 급격히 둔화되고 심지어 20년 안에 현재 교세의 절반 이하로 줄어들 거라는 전망도 있다. 한국교회의 성장과 쇠퇴가 맞물린 안개 속의 전망 앞에 놓여 있다.

이 책은 지난 130여년 한국 기독교의 역사에 던지는 오늘의 질문을 담고자 한다. 지면 관계로 자세한 이야기를 담을 수는 없겠지만 한국교회를 사랑하는 이들의 질문을 역사를 통해 되짚어 보려는 것이다.

한국교회의 미래에 대한 물음은 한국교회사를 통해 그 대답을 들을 수 있다. 역사는 시간의 지도이기 때문이다. 베이컨의 "역사는 지혜를 알려준다"는 말이 있듯이 과거의 경험은 우리가 미래에 대해 질문하는데 있어 가장 훌륭한 재료가 된다. 미래는 아직 이루어지지 않은 것이지만, 과거의 역사는 사실로서 이미 이루어졌던 것이기 때문이며, 거기에는 우주와 자연의 법칙이 작용하고 있고, 인간의 지혜와 어리석음이 드러나기 때문이다.

이 소책자는 한국 기독교 역사에 던지는 열일곱 가지 질문을 통해 오늘 우리 교회와 미래에 대한 전망을 가늠하려는 작은 시도에서 한국교회의 역사에 관심을 갖는 평신도와 목회자들을 위해 쓰여졌다. 이 책이 나올 수 있도록 도와주신 연세대학교 신과대학과 손호현 박사님께 감사의 말씀을 드린다.

2016년 12월

박 종 현

차 례

조선시대 이전, 한국에 기독교가 들어온 적이 있는가

1. 한국 고대의 기독교 전래의 가능성

'호랑이 담배 먹던 시절'이라는 말이 있다. 한반도의 호랑이는 1920년대에 일제에 의해서 소멸되었다. 경주 토함산에 서식하던 호랑이가 죽은 것이 그 마지막이었다고 한다. 그 이전에 조선 시대에도 한반도 전역에 호랑이가 출몰하였다. 인도에 서식하는 2미터가 조금 넘는 벵갈 호랑이에 비해 한반도에 서식하는 시베리아 호랑이는 머리에서 꼬리까지 3미터 오십 센티가 넘는 거대한 생물체였다. 한국의 민담에 호랑이가 자주 등장하는 것은 그만큼 서식 환경이 좋았다는 뜻이다. 담배는 조선 중기에 한반도에 유입된 것으로 알려져 있다. 그래서 호랑이 담배 먹던 시절은 조선 중기 이후가 된다.

현대 한국의 기독교는 1700년대 말인 정조 시대에 전래된 천주교와 1800년대 말 고종 시대에 전래된 개신교에서 비롯하여 현재에 이르고 있다. 그러나 한국의 기독교 관련의 흔적은 적어도 호랑이 담배 먹던 시절보다 훨씬 이전으로 거슬러 올라간다. 그 이유는 기독교가 중동지방 유대 땅에서 2천 년 전 발흥하여 동서남북으로 흩어져 전파되었고, 기독교 선교는 중국 당나라 시대에 아시아 여러 지역에 도착하여 그 존재를 알렸기 때문이다.

고대 로마제국에서 기독교가 번성할 무렵 고대 교회는 치열한 신학적 논쟁에 빠져들고 있었다. 오늘날까지 그 중요성을 잃지 않는 하나님의 삼위일체론과 예수 그리스도론은 격렬한 논쟁 끝에 태어난 신앙고백이다. 삼위일체론은 서기 325년 소아시아 니케아에서 개최된 에큐메니칼공의회에서 고백되어 정통 교리로 승인되었고, 그 뒤 451년 소아시아 칼케돈에서 개최된 공의회에서 예수 그리스도에 관한 신앙고백이 채택되어 오늘에 이르고 있다.

칼케돈 고백의 핵심적 내용은 예수 그리스도는 참 하나님 중의 하나님이시고 참 사람 중에 참 사람으로서 그분에게는 하나님의 본성과 인간의 본성이 함께 계시다는 고백이었다.

그런데 그때 정죄된 두 교리가 있었다. 하나는 예수께서 성육신한 후에는 그의 인성이 소멸되어 육체만 남는다는 단성론의 교리로서 알렉산드리아 학파의 주장이었고, 둘째는 예수 그리스도 안에는 신성과 인성이 있으나 그 둘이 각각 독립적으로 존재한다는 안디옥 학파의 주장이었다.

안디옥 학파를 이끌었던 네스토리우스라는 감독은 나중에 칼케돈 신조의 성립 소식을 듣고 자신이 주장했던 것이 바로 그것이었다고 탄식했다고 알려져 있지만 정작 그는 공의회에서 이단으로 정죄를 받았다. 그 주된 이유는 네스토리우스가 신성과 인성의 분리를 주장하여 옛 그리스도의 인격의 통일성을 저해하는 주장을 폈다는 것이다.

아시아의 안디옥의 기독교는 결국 유럽의 기독교와 통합의 길을 걷지 못하고 서쪽에서 눈을 돌려 동쪽으로 향하게 된다. 가장 가깝게는 시리아에서 남쪽으로 아랍과 인도 그리고 동쪽으로 페르시아를 넘어 중국에 이르게 되는 것이다. 고대 동방기독교로 알려지게 된 이 기독교는 그 후 약 1600여 년간에 걸쳐서 아시아 여러 지역에 펴져 나가게 된다. 중국에는 당나라 현종 때에 전래되어 경교(景敎 luminous religion)라는

안디옥의 감독 네스토리우스

이름으로 3세기에 걸쳐 번영하게 되었다.

중국 당나라와 신라는 정치·군사적으로 중요한 동맹이었고 신라의 승려들은 당나라에 유학하는 경우가 많았다. 이렇게 빈번한 교류가 있었다면 신라의 상인들과 승려들이 중국에서 경교를 목격하는 것은 결코 어려운 일이 아니었다. 이런 역사적 배경 속에서 우리는 신라인들에게 어떤 형태이든 경교가 알려졌을 거라는 추측을 가능하게 한다.

실례로 숭실대학교 박물관에 소장된 불국사에서 출토되었

다고 알려진 장방형 돌 십자가나 후에 위조품으로 입증된 금강산 장안사에서 발견된 대진경교유행중국비 등은 어떤 형태이든 한반도에 유입된 경교의 영향을 암시한다.

그렇다면 중국에서 유행했던 경교가 신라에서 뚜렷한 흔적을 보이지 않는 이유는 무엇일까? 우선은 경교가 중국에서 불교와 혼합주의적 선교를 취하였던 것을 들 수 있다. 경교는 교회를 경교사(景敎寺), 경교 성직자를 경교승(景敎僧)이라고 부르는 등 불교적 용어로 표현하였고, 불교 미술을 차용하여 그리스도를 부처의 이미지로 표현하였다.

이럴 경우 중국에서는 경교가 불교와 다른 종교가 아닌 불

숭실대학교 박물관의 돌십자가

교의 한 종파로 인식되는 경우가 나타나게 된다. 그리고 신라
인들과 같은 외국인들은 중국에서 경교를 중국에서 형성된 새
로운 종파로 인식할 가능성이 높아지게 된다. 경교승들은 기
독교 교리를 가르치기는 하였으나 성서를 중국어로 번역하는
작업은 하지 않았다.

　종교는 한 지역에서 다른 종교와 습합 또는 혼합을 경험하
게 된다. 문화의 혼합과 교환 상호 영향은 피할 수 없는 종교와
문화의 역사적 경험이다. 경교는 어떤 형태이든 신라에 전해
졌을 것이다. 그러나 중국 경교가 불교의 압도적 우위의 상황
에서 기독교적 정체성을 최소한으로 보존하려 한 흔적들은,
경교가 9세기경 중국 당나라 무종 때에 압박을 받고 소멸됨으
로써 중국의 다양한 불교의 흐름 속에 용해되었다고 볼 수 있다.

　그러나 동아시아 불교에는 기독교의 영향으로 볼 만한 것
들이 있다. 예를 들면 한국에 번성하는 불교인 화엄종은 인도
불교 역사에서는 불교로 보지 않는 동아시아 특유의 불교이
다. 인도에서 화엄종을 불교로 보지 않는 것은 화엄종에 나타
난 비로자나불이 영원한 신의 모습을 띠고 있기 때문이다. 만
물의 무상(無常)을 철학의 기본으로 하는 불교에서 영원불변

의 비로자나불과 같은 신적 존재를 수용하지 않으려는 것은 어쩌면 당연한 것일 수 있다. 그러나 한국에서는 화엄종과 같은 신적 존재로서의 부처 사상을 선호하며 자력해탈과 더불어 대중을 구제하는 보살 신앙이 강하게 뿌리내린 것은 강한 메시야 사상을 가진 오래된 경교의 영향임을 상정할 가능성도 있다. 그러나 이러한 흔적을 찾는 것은 역사학의 영역을 넘어선 과제라고 보인다. 그 가능성은 인류의 집단 무의식을 문화적으로 다루려는 인류학적 연구에 맡겨야 할 것 같다.

2. 호랑이 담배 먹던 시절의 기독교

조선 중기 임진왜란 후인 광해군 때에 담배가 한반도에 유입되었다고 알려져 있다. 한반도 호랑이가 담배를 먹었다면 광해군 이후가 된다. 임진왜란은 한국사에서 인구와 영토의 유실을 통해 막대한 해악을 끼친 전쟁으로 기억되지만 그 침략의 기억 속에 기독교 역사의 흔적이 남아 있다.

임진왜란이 일어날 때 일본군의 사령관은 일본 남쪽 규슈 지역 나가사키 연주인 고니시 유키나카로 그를 선봉으로 일본

군이 조선에 당도했다. 고니시의 군대는 조선 상륙 즉시 동래성과 부산성을 함락시키고 북상하여 조선을 유린하였다. 이 고니시의 군대에는 천주교인이 많았는데 거기에는 역사적인 배경이 있었다. 유럽에서 종교개혁이 일어날 무렵 가톨릭교회의 수호자를 자처한 예수회가 출현하였다. 예수회 설립 시 여덟 명의 멤버 중 하나인 프란시스코 사비에르는 1549년에 인도와 중국을 거쳐 일본 가고시마에 선교사로 입국하였다. 그는 일본 남부 지역인 코베와 히로시마 그리고 나가사키에서 활발한 선교 활동을 펼쳐서 1609년이 지난 후에는 75여 만 명에 이르는 천주교 신도를 확보하게 되었다. 그중에서도 고니시는 아우구스티누스라는 영세명을 가진 천주교 신자였고 그가 영주로 있었던 나가사키 지역에서는 일부 토지가 가톨릭교회에 봉헌되어 당시 유럽 밖에 최초의 교황령이 생겨날 정도로 교세가 확장되었다.

전국시대가 끝난 일본을 통일 한 도요토미 히데요시는 일본 내에 남아도는 군사력을 해외로 끌어내기 위해 명나라를 정복하고 그 영토를 획득한다는 명분으로 조선을 침공했는데 이것이 1592년에 일어난 임진왜란이다. 도요토미 히데요시는 철저한 불교신자여서 천주교인들이 늘어나는 것을 달가워하지 않았다. 그래서 최선봉에 천주교인들이 비교적 많은 고니시의 군대를 내세웠다.

전하는 바에 따르면 고니시 군대의 일부는 십자기를 들고 전투를 치렀을 뿐 아니라 그 악명 높은 코 무덤과 귀 무덤을 만들기 위해 대학살을 감행하였다. 죽은 조선병사들의 코와 귀를 베어가면 상을 받는다는 것이었으나 살아있는 사람들의 코와 귀를 베어내는 일이 다반사여서 조선 사람들은 왜군이 출몰한다는 이야기만 들어도 수 십리 밖으로 도망하여 조선민중들이 왜군을 접하는 일은 거의 없었다.

이런 이유로 조선 사람들이 고니시 군대가 앞세운 십자가 깃발을 구경할 기회는 거의 없었다. 임진왜란이 지나고 17세기가 되면서 조선 사람들은 중국 청나라에서 들여온 서양 천주교 서적을 접하거나, 중국에 건너가 천주교를 접할 기회를 갖게 된다. 그리고 그 다음 세기에 조선에는 천주교가 전래된다. 이때 조선민중들이 임진왜란 당시의 잔혹한 살육의 상징으로서의 십자가를 기억하고 있었다면 조선 천주교의 역사는 달라졌을 것이다.

이 잔인한 전쟁 속에 일본군을 위문하기 위해 나가사키에서 건너 온 그레고리오 세스페데스(Gregorio Cespedes)라는 스페인 신부가 있었다. 그는 스페인 마드리드 시장의 아들로 선교사로 헌신하여 일본에 체류하던 인물이었다. 고니시의 요청으로 조선에 오게 되었는데 고니시는 의기소침해진 일본 천주교 병사들을 종군신부를 불러 위문하려 한 것이었다. 세스페데스는 조선에 만 2년이 되지 않는 기간을 머물러 있으며 일본군을 위문했을 뿐 아니라 전쟁 중에 고아가 된 아이들을 데리고 나가사키로 귀환하였다.

천주교 성직자로서 고아들을 돌보기 위한 인도적 행위였다. 그렇게 일본으로 간 아이들 중에는 천주교 학교에서 교육을 받는 이도 있었으며, 그중 한 소년은 후에 신부가 되었다. 이 신부는 자신이 조선 사람인 것을 잊지 않았고 천주교 신앙을 전하기 위해 중국으로 건너가 조선 국경 근처에서 선교적 사역을 하였던 것으로 전해진다.

전쟁 중에 많은 조선인 포로들이 일본으로 끌려갔다. 조선인 포로가 너무 많이 세계 노예시장에 공급되어 노예 가격이 폭락하는 일도 있을 정도였다. 그중 일부는 조선의 도공들로 일본의 도자기 공예의 시발점을 이루는 계기가 되었다. 많이 알려진 사람으로는 고니시 가정으로 간 조선 소녀 줄리아로 영세를 받고 천주교인이 되어 지내다가 전후 고니시가의 몰락으로 도쿠가와 가문에 첩으로 가게 되지만 천주교 신앙을 지키다가 유배지에서 홀로 죽음을 맞이하였다. 일본에서는 도구카와 막부의 통치가 시작되면서 천주교에 대한 탄압이 가혹하게 진행되었다. 시마바라 성의 반란 등 천주교와 연관된 막부시대 나가사키 지역의 전쟁 이야기는 거기에 기인한다.

천주교의 저항은 군사적으로 진압되었고 다수의 일본인 천주교 순교자를 배출하게 된다. 그때 조선에서 끌려가 천주교인으로 영세를 받고 순교자가 된 이가 많았다. 어쩌면 조선인의 기독교 신앙에 대한 숭고한 태도는 이때부터 역사에 그 모습을 나타내기 했는지도 모른다. 그러나 임진왜란을 통한 천주교의 접촉은 현대 한국천주교회와 직접적인 역사적 연관성은 없다. 현재의 한국천주교회의 뿌리는 정조 시대 남인 실학자들의 노력으로 조선에 도입되고 정착하게 된다.

기독교는 한국에
어떻게 들어오게 되었나

1. 세계 기독교 선교운동

한국에 개신교 선교사들이 도래하기 시작한 것은 1800년
대가 되어서였다. 1884년 9월 21일 미국북장로교 선교사인
호레이스 알렌이 제물포에 내려 한국에서 기독교 선교를 시작
한 것이 최초이고 시작이다. 물론 그 전에 1831년 네덜란드
선교사 칼 구츨라프나 제너럴 셔면호를 타고 온 영국인 로버
트 토마스가 이미 한국을 방문하였으나 그들로부터 한국개신
교가 지속된 것이 아니어서 알렌의 선교로부터 한국교회의 역
사를 보는 것이 정설이다.

한국은 아시아에서 비교적 늦게 기독교 선교가 시작된 지
역이다. 원래 종교개혁이후 개신교회는 로마 가톨릭교회에
비해 선교를 매우 늦게 시작하였다. 가톨릭교회는 가톨릭개

혁의 중심 세력인 예수회(the Society of Jesus)가 결성이 되어 16세기부터 해외선교에 나서게 되었다.

예수회는 남아메리카 거의 전역을 현재의 종교지도로 만드는데 공헌하였다. 북미의 캐나다와 미국을 제외하면 중남미 전역이 가톨릭의 영토가 된 것은 예수회가 시작한 세계선교에서 비롯한 것이다. 예수회는 아시아로 진출하여 인도, 중국, 일본에 도래하게 된다.

그러나 유럽의 개신교회는 18세기 말에 영국의 침례교선교사 윌리엄 캐리가 인도에서 선교활동을 시작함으로써 그 새로운 시작을 알렸다. 그리고 18세기 부흥운동이 일어나면서 모라비아교와 감리교 운동 등 새로운 각성운동은 기독교 선교의 새 시대를 알리는 시발점에 함께 동참하였다.

개신교 선교의 절정은 19세기 미국교회가 선교를 시작하면서 시작되었다. 미국 장로교 구파에서는 1829년 인도에 선교사를 파송하여 선교의 문을 열었고, 미국 침례교회도 1831년 중국과 인도에 선교를 시작하였다. 중국, 인도는 아시아 선교의 중심이었고 뒤이어 일본과 대만 등에 속속 선교사들이 들어오게 되었다.

한국이 아시아 지역에서 비교적 늦게 기독교가 전파된 데는 두 가지 원인이 있다. 하나는 18세기에 들어온 천주교회가 겪었던 박해이고 다른 하나는 쇄국정책이다. 천주교는 비교적 외래 종교에 관용적이었던 정조 시대에 들어왔으나 주로 남인 학자들로 구성된 초기 천주교의 지도자들은 철저한 불관용적 보수주의 유교 세력인 노론 관료들의 저항에 부딪히게 된다.

정조가 생존했을 때에는 극심한 공격은 피할 수 있었으나 정조가 서거하고 나서 노론의 붕당정치조차 붕괴된 세도정치가 시작되면서 천주교의 박해는 극단으로 치닫게 된다. 신유박해, 기해박해 그리고 병인박해 등 피로 얼룩진 박해가 19세기를 물들이고 만다.

그리고 조선은 외래세력을 차단하기 위한 쇄국정책을 실시하게 되었다. 외국과의 교류는 철저하게 차단이 되었다가 1876년 일본이 운양호 사건을 일으키며 조선을 강제 개국하는데 성공하였고, 1882년 조선과 미국이 수호조약을 체결하고 나서 2년 후인 1884년 비로소 알렌이 입국하여 기독교 선교가 이루어지게 된다. 기독교 선교가 이루어지고 나서도 유교의 불관용적 태도는 상당 기간 동안 기독교 선교에 위협적인 요소로 남아있었다.

알렌이 입국하고 난 뒤 이듬해인 1885년 장로교의 언더우드와 감리교의 아펜젤러가 조선에 입국하면서 비로소 본격적인 기독교 선교가 시작된다. 그 후에 한국에 도래한 여러 교파들도 19세기의 가장 활발했던 세계 선교운동의 흐름 속에서 선교를 시작하게 된다. 다만 놀라운 것은 아시아에서 가장 늦게 기독교가 전파된 한국에서 가장 놀라운 기독교의 정착과 발전이 이루어졌다는 사실이다.

2. 근대 부흥운동

근대 세계 선교의 중요한 동력 중에 하나는 부흥운동이다. 종교개혁이 지난 17세기 유럽은 전대미문의 종교전쟁을 치르게 된다. 하나의 제국, 하나의 교회가 중요한 모토였던 중세적 질서는 개신교의 출현으로 그 통일성이 붕괴된다. 황제와 가톨릭 진영은 하나의 영토에 하나의 교회라는 유럽 통합의 명분을 건 종교전쟁을 일으키게 되니 그것이 30년 전쟁이다. 1618년부터 1648년까지 유럽은 구교와 신교가 진영을 나누어 격렬한 전쟁을 치르게 된다.

1648년 웨스트팔리아조약으로 유럽은 현대에 근접한 정치 – 종교적 지도를 완성하게 된다. 그러나 광신적 종교전쟁을 치른 유럽의 지성세계는 계몽주의라는 이성중심의 새로운 사조를 끌어내었다. 계몽주의는 본질적으로 신앙을 미신으로 치부하는 태도를 바탕에 깔고 있었다. 이러한 태도는 유럽대륙에서 무신앙과 무신론을 지성적 계층에 강력하게 파급시키는 결과를 가져왔다.

그러나 이러한 사조와는 달리 신앙의 본질은 경건의 회복이라고 믿는 경건운동이 다른 한쪽에서 나타나게 된다. 독일 경건주의, 영국 존 웨슬리의 감리교운동 그리고 미국에서 일어난 대각성 운동이 바로 그것이었다.

독일 경건주의는 독일의 루터교회 안에서 일어난 경건실천 운동이다. 당시 독일의 루터교회는 개신교 스콜라주의로 알려질 만큼 철저한 교리 중심의 교회였다. 교리는 이단을 방지하고 굳건한 지적 확신을 주는데 유용하다 하더라도 신앙의 생동감은 이미 많이 상실된 모습이었다.

독일의 경건주의자들인 야곱 슈패너, 요한 아른트, 진젠도르프 백작 등은 신앙생활의 가장 중요한 본질은 성서를 묵상하고 규칙적인 기도생활을 하는 것과 찬양과 선교라고 보았다. 이렇게 시작된 경건주의 운동은 독일의 루터교회를 상당부분 새롭게 갱신하는데 기여하였다.

독일 경건주의 운동의 한 갈래는 존 웨슬리의 부흥운동에 영향을 주게 된다. 웨슬리 자신이 이미 어려서부터 규칙적인 경건 생활을 하며 자란 사람이었고 그의 청년기 내내 당시 영국 교회에 만연한 이신론적 사조에 물들지 않고 고대 사막교부의 경건, 칼빈주의적 경건 그리고 모라비아 공동체의 영향 등 당시로서는 소수적 전통에 몰입하였다. 이러한 일관된 경건 훈련은 마침내 웨슬리를 당시 최고의 영적 지도자이며 복음 전도자가 되게 하였다.

존 웨슬리의 부흥운동은 독일 경건주의 운동이 하지 못한 것을 이룩하였다고 평가된다. 그것은 독일 경건주의 운동이 루터교회 내의 교회 갱신운동이라는 한계에 머물렀다면, 웨슬리의 운동은 영국 사회를 개혁하는 데에 이르렀다고 보기 때문이다. 노예폐지, 빈민개혁, 주일학교 등 웨슬리운동은 전

방위적으로 영국사회를 개혁하는데 이르렀다.

영국에서 웨슬리운동이 최고조에 이를 무렵 미국에서는 청교도들이 주도한 대각성 운동이 나타나게 된다. 유럽의 여러 이민자들의 유입으로 초창기 청교도의 전통이 약화되고 기독교 신앙이 타성에 젖어들고 있다는 판단이 나타날 무렵, 조나단 에드워즈라는 청교도의 계승자가 나타나 미국교회를 새롭게 갱신하게 된다. 이것이 1차 대각성 운동의 출발이다. 1차 대각성 운동은 미국의 독립전쟁 직전에 여러 이민자와 인종으로 모자이크처럼 조각난 미국을 하나로 통합하고 미국적 기독교, 미국적 문화로 통합하는 길을 열었다는 평가를 받는다. 더 나아가 대각성 운동에서 형성된 미국 정신이, 뒤이은 미국의 독립전쟁에서 미국 시민들을 하나로 통합하게 하는 정신적 기반을 마련했다고 평가된다.

18세기 미국 대각성 운동은 19세기 초의 2차 대각성 운동 그리고 19세기 후반의 무디의 부흥운동으로 이어지면서 미국적 기독교 더 나아가 현대의 대중적 기독교의 다양한 흐름을 구성하게 된다.

한국 기독교는 이러한 근대세계의 부흥운동의 흐름 속에

자리하고 있다. 한국에 온 젊은 북미지역의 선교사들은 부흥운동의 영향으로 선교사로 헌신한 이들이 대부분이었고, 특히 무디의 부흥운동의 영향을 받은 이들이 많았다. 상당히 많은 청년들이 무디의 노스 필드 집회의 영향을 받았고, 19세기 말 미국의 해외선교의 중요한 지도자인 로버트 스피어는 무디의 부흥운동의 영향으로 이미 프린스턴대학교 학생일 때 선교회를 조직하였고 마침내 미국장로교회 선교부 총무가 되어 아시아와 아프리카에 장로교 선교사를 파송하게 되었던 것이다. 그런 이유로 한국 기독교 역사 속에는 강한 부흥운동의 영향력이 남아 있다.

3. 성결운동

개신교 선교운동과 부흥운동의 전통이 한국교회에 영향을 준 것은 한국선교 이전, 한 세기 이상의 전통이 있었다. 그러나 성결운동은 한국에 선교가 이루어질 때 미국과 영국에서 나타난 개신교 운동이었다.

19세기 후반, 복음주의적 기독교는 진화론과 기독교 내부의 자유주의 신학의 도전에 직면하고 있었다. 진화론과의 논쟁은 유명한 원숭이 재판으로 복음주의 기독교와 현대 진화론은 그 신념체계에서 서로 양립할 수 없다는 것이 드러났다.

19세기 복음주의 기독교가 대립한 또 하나의 사조는 자유주의적 신학사상이었다. 계몽주의의 후손인 자유주의는 성서의 역사비평에서 복음주의 기독교와 충돌하였다. 복음주의자들은 자유주의가 성서를 비평하는 것이 아니라 성서를 일관성 없는 역사적 가설로 비하하거나 심지어 해체하고 있다고 보았다.

자유주의에 대한 반동으로 나타난 것이 첫째는 근본주의이고 둘째는 성결운동이었다. 근본주의는 자유주의가 기독교 신학이 될 수 없다고 보았다. 그들은 16세기 종교개혁의 중요한 신학적 사상과 고백을 불문율로 고정시키는 작업을 하였다. 근본주의에 의해 다시 정통이라는 용어가 채용되었고 근본주의의 교리를 고백하지 않는 것은 기독교가 아니라는 투쟁을 선언하였다.

반면, 성결운동은 자유주의에 본질적으로 대항하는 측면에서는 근본주의와 그 태도를 공유했으나 그 방법에서 교리수호의 전쟁을 선포한 것이 아니었다. 성결운동은 현재에도 거룩한 것을 체험하는 것이 가능하며 그 성결의 경험이 신앙을 확증하여 줄 것이라고 믿었다.

웨슬리 성결운동은 19세기 미국 감리교회의 자유주의적 경향에 반대하여 원래의 웨슬리의 경건을 복원하고 이어가자는 취지에서 출발하였다. 대개 자유 감리교회라는 이름으로 출현한 이 웨슬리 성결운동은 성령의 체험을 통한 성결의 경험을 강조하였다. 이 웨슬리 성결운동은 현대에 와서 성결교회, 나사렛교회 그리고 더 나아가 현대 오순절운동의 뿌리를 이룬다.

웨슬리 성결운동의 강조점인 성령을 통한 성결의 경험은 미묘한 논쟁을 촉발시켰다. 성결은 종교적 경험으로 국한되는가 아니면 사회적 영향력으로 나타나는가? 대부분의 현대 웨슬리 성결운동은 종교적 체험으로서의 성결의 영역에 머물고 있다. 그러나 일부 자유 감리교회 운동은 성결의 사회적 성격을 강화하여 1920년대 미국의 사회복음주의 운동으로 발전하여 나아갔다.

한국에도 이러한 웨슬리 성결운동의 전통이 도입되었다.

성결 교회와 나사렛 교회 그리고 오순절 교회가 이러한 웨슬리 성결 운동의 유산이다. 그리고 1920년대 한국 장로교회의 배민수 목사의 농촌운동에는 사회복음의 영향력이 짙게 배어 있다.

칼빈주의 성결운동의 특징은 성서 연구를 통해 하나님의 말씀에 순종함으로써 성결의 경험에 이른다고 주장하였다. 영국의 케즈윅 사경회가 널리 알려진 칼빈주의 성결운동의 대표적인 것이다. 한국에서는 20세기 초의 부흥사경회의 번창하는 영향력 속에서 칼빈주의적 성결운동과 유사한 모습을 볼 수 있다.

1907년 한국교회 부흥운동이 일어날 무렵 한국을 방문한 세계적 성결운동의 지도자들의 모습에서 이미 한국교회 전통 안에 뿌리내린 성결운동의 영향력을 볼 수 있다. 특히, 칼빈주의 성결운동은 1980년대 이후 한국 기독교에 막대한 영향을 끼친 온누리교회 사역 속에 새롭게 등장하였다. 온누리교회는 1900년대 초의 사경회의 전통을 말씀묵상이라는 새로운 형태로 부활시켜 1980년대와 1990년대 한국교회에 영향을 주었다.

그러나, 여전히 남은 과제는 성결이 개인의 종교적 체험이라는 심리적 과제에 한정된 것인가라는 질문이다. 성결은 마음의 경험을 넘어서 그 시대의 사회적 공공적 과제에 새로운 빛을 줄 수는 없는가라는 것이다. '마음의 윤리는 행동의 윤리로 어떻게 전환될 수 있는가?' 이 질문이 아직 남아있다.

한국에 기독교가 선교되고 정착하는 과정은 그 전 세기의 부흥운동과 세계 선교 그리고 성결운동이라는 세계 기독교의 역사적 흐름 속에서 이루어져 왔다는 점을 기억해야 할 것이다.

기독교를 한국에 들여오려 한
이들은 누구인가

1. 천주교를 들여온 사람들

천주교가 조선에 들어온 것은 조선 후기 르네상스 시대로 알려진 정조의 치세 때이다. 그리고 그 중심에는 남인 실학자들이 있었다. 임진왜란과 병자호란의 양대 전란을 겪은 조선은 인구 감소, 농토 유실 등으로 전쟁의 충격에서 벗어나는데 오랜 시간이 걸렸다. 이 비극적 경험의 반성에서 나온 것이 바로 실학이었다.

실학은 성리학의 공리공론적 성격에서 벗어나 실사구시의 정신을 추구하여 학문이 백성들의 삶을 윤택하게 하여야 한다는 공통적 철학에 기초하고 있었다. 이 실학 안에는 17-18세기 세계 정신사의 계몽적 흐름이 자리하고 있었다. 그래서 초기 실학은 계몽주의의 상징인 세계로 눈을 돌리고 만국의 지식을 통섭하는 백과전서에서 시작하여 동서의 사상, 고대와 현재를 잇는 거대한 사상의 체계를 구축하게 된다. 인식의 공간적 지평의 확대를 통해 실학자들은 서구에 눈을 뜨게 된다.

특히, 청나라에 와있던 천주교 선교사들의 서적을 읽게 되고 이들이 중국을 통해 접한 서구 학문을 이른바 서학이라고 이름을 붙이게 된다. 방대한 서학의 소개 속에 서구의 종교로서 천주교가 소개되어 조선의 실학자들은 비록 서적으로나마 기독교를 접하게 된다.

실학의 주체들이 예외 없이 유학자들이었기 때문에 대개의 실학자들은 천주교에 대해 비판적 입장을 취하였다. 유교적 교양에 깊이 뿌리내린 이들은 유교적 관점에서 천주교 교리를 비판하였다. 깊게는 그리스도의 성육신의 교리가 예수가 신인지, 인간인지 그 정체성이 불분명하다는 사상적 비판에서부터 천주교의 신부나 수녀의 독신제도를 비판하며 천주교인이 시집 장가를 가지 않는다면 대가 모두 끊겨 인간의 종말이 올지 모른다는 외형적 비판까지 반천주교적 태도가 일반적이었다.

다만 성호 이익과 같은 학자는 기독교의 윤리를 눈여겨보며 기독교에는 유교에 필적하거나 유교를 능가하는 윤리가 있다고 주장하였다. 이러한 이익의 영향으로 이익의 제자들 중에서 조선의 천주교인들이 나타나게 되었다.

1783년 중국으로 건너가 조선인 최초로 베드로라는 영세명을 받고 돌아와 조선에 천주교의 기원을 이룩한 이승훈이 바로 이익의 제자이다. 이승훈을 중국으로 보내어 조선에 천주교를 들여오게 하였을 뿐 아니라 최초의 천주교 공동체를 지도했던 이벽 또한 이익의 제자이다. 그리고 정약전, 정약종, 정약용과 권일신, 권철신 등 최초의 천주교의 중요 인물들이 이익의 제자들이었다.

이들이 천주교를 도입한 이유는 이미 국내에서 천주교 서적들을 읽고 그 높은 윤리성을 받아들이려 하였기 때문이다. 천주교에 반대하는 이들이 주로 천주교의 외형적 모습을 비판했다면, 수용자들은 기독교의 윤리적 측면을 보았고 이것이 조선과 조선인의 가치에 긍정적이고 심대한 영향을 줄 것이라는 이해가 신앙으로 발전하여 나아간 것으로 볼 수 있다.

예를 들어 실학자들 중에 유형원 같은 이는 노비제의 폐해를 심각하게 우려하였다. 이익은 그의 책『성호사설』에서 노

성호 이익

비제도의 폐해를 뼈아프게 지적하였는데 이러한 사상은 정조 치세 절정기에 이들 남인 실학자들에 의해 노비제도 폐지가 본격적으로 거론되도록 하였다.

현대에 와서 한국의 기독교가 대중들 속에서 윤리적 관심 보다는 개인의 심리적 위안의 종교로 빠르게 변모하고 있지만 초기 천주교를 도입한 이들은 마치 하나님 나라의 비전을 조선에 실현하려는 듯 성서의 윤리적 가르침에 경도되었고 그것이 천주교를 도입한 가장 중요한 이유였다. 오늘 날 한국의 종교 지형을 보면 처음 이 고귀한 가르침을 받아들인 이들의 뜻을 되새길 필요가 있다고 여겨진다.

2. 개신교 선교의 배경인 조선 근대화의 필요성

개신교는 개방과 쇄국, 개혁과 수구의 정치적 소용돌이가
휘몰아치던 19세기 후반에 한국에 도입되었다. 천주교의 이
승훈이 중국에서 그랬던 것처럼 개신교의 첫 번째 신자 이수
정은 일본에서 기독교를 받아들였다. 이수정은 개화세력에
속한 인물로 수신사로 1882년 일본에 건너가 일본인 목사 야
스가와를 만나 그에게 세례를 받아 조선인 최초의 개신교인이
되었다.

구한말, 한국은 만주나 일본 등 여러 경로를 통해 기독교를
접하여 기독교인들이 생겨나게 되었다. 그러나 이러한 개별
적인 접촉과는 달리, 기독교를 한국에 들여오려던 이들은 윤
치호와 같은 친미 온건개화파들이었다. 친미 개화파는 서울
의 정동구락부를 중심으로 하는 온건한 개화세력이었다.

이에 비해 김옥균, 박영효 등 갑신개화파는 일본의 근대화
를 모델로 급진적 정치개혁을 통해 명치유신 이후 일본처럼

조선에 정부 주도의 근대화를 추진하려 하였다. 그러나 이미 널리 알려진 것처럼 갑신정변을 돕기로 했던 일본은 청나라의 군사적 개입과 함께 물러나면서 갑신개화파는 고립되고, 갑신정변은 실패로 끝나게 되었다.

친미 개화파는 원래 보수적 노론 세력의 한 갈래가 실학적 학풍을 이어와 19세기 북학파라는 이름으로 존립하게 된 것이다. 박제가, 박정양 등이 대표적인 인물인데 이 학풍을 이어받은 유교 엘리트 중에서 한미수호조약 이후 미국을 방문하고 미국적 개혁을 지향한 이들과 서울의 관료들 중에서 윤치호와 같은 온건 개화파들이 합하여 친미 개화파를 이루게 된다.

1882년 한미수호조약, 1883년 조선 사절단의 미국방문 후 1884년 6월 일본주재 미국 감리교회 선교사 맥클레이가 한국을 방문하여 고종을 알현하였다. 고종은 맥클레이 목사에게 한국과 미국의 돈독한 관계와 우호 증진을 전망하며 미국에서 조선에 서구식 학교와 병원을 제공하여 달라고 요청하였다. 그리고 이와는 별도로 산동에서 활동하던 미국 장로교 의료선교사 호레이스 알렌이 그해 9월에 조선에 당도하였던 것이다.

이렇게 기독교의 한국 선교는 19세기말 한국 사회가 절실하게 요청하는 새로운 문물에 대한 기대와 함께 시작되었다. 그리고 기독교는 이러한 한국의 근대성의 요청에 나름의 방식으로 공헌하여 왔다.

당시의 요구에 맞게 기독교는 의료선교를 광범하게 실시하여 기독교의 휴머니즘과 봉사의 실천을 몸소 보여 주었다. 1820년대부터 주기적으로 발생한 농민전쟁들과 그 절정을 이룬 갑오농민전쟁 그리고 외세가 한국 영토에서 벌인 청일전쟁 등은 한국의 사회구조를 파괴하였고 전란으로 인한 굶주림과 질병은 한국인들을 극한의 고통에 몰아넣었다. 이때 기독교 의료선교의 봉사의 모습은 기독교 정신을 웅변적으로 보여 주었다.

교육 사업은 실로 방대하게 이루어져 배재와 이화학당으로 시작한 기독교 학교는 1919년 3·1 운동이 일어날 무렵 전국적으로 1,000여 개소에 이르고 있었다. 근대적 학풍, 신분의 차별 없는 보통교육, 특히 조선 600년간 지적 활동에서 배제되었던 여성교육의 실시는 기독교가 한국에 일으킨 조용한 혁명이었다.

현재에도 기독교계 교육 기관이 중 · 고등교육 전체의 20-30%를 차지하고 있어 기독교가 교육을 통해 한국 사회에 기여하는 바가 여전히 크다. 한국에서 근대적 인재 양성과 기독교 교육은 동의어로 취급될 만한 큰 공헌이었다.

3. 일제의 침략과 한국 기독교의 성격 형성

중국은 아직도 서구기독교에 대한 반감이 큰 나라이다. 중국의 문화혁명 때에 기독교는 다른 종교들보다 더 심한 고통을 겪었다. 그 이유는 단지 중국 사회주의 정치만의 문제는 아니다. 기독교가 중국에 유입될 때 경험한 기억의 작용이다. 중국을 개방한 것은 영국 제국주의였다. 영국은 1839년과 1856년 두 번의 대중국 전쟁을 일으켜 중국을 강제적으로 개방하는데 성공하였다. 첫 번째 아편전쟁으로 난징조약이 체결되어 중국이 개방되고, 영국은 중국에서 수입하는 차(茶)의 대금을 은으로 지불하는 대신 아편으로 지급하게 되었다. 두 번째 아편전쟁의 결과로 맺어진 텐진조약은 기독교 선교를 허용하였는데 이때 해외에서 오는 선교사들은 아편선을 타고 오게 되었다. 그것을 중국인들이 목격함으로 인해 기독교의 이미지가 서구 제국주의 침략의 상징인 아편과 동일시되는 결과를 낳았고 이것이 서구 기독교에 대한 중국인의 민족주의적 감정의 뿌리를 이루게 되었다.

일본의 경우, 1853년 미국 해군의 매튜 페리 제독이 흑선을 이끌고 우라가 항구에 나타나 개항을 요구하여 이듬해 요코하마에서 미국과 화친조약을 체결하고 마침내 개국하게 되었다. 미국과 일본은 통상조약을 체결하게 되었는데, 이때 미국은 일본과 무역에서 불평등조약을 체결하여 일본의 대외감정에 상처를 입혔다.

1868년 일본은 메이지유신을 통해 1615년부터 일본을 지배한 도쿠가와 막부를 타도하고 천황의 친정체제를 수립하였다. 그 후, 일본은 1870년대 서구 국가로부터 학습한 제국주의를 실현하기 시작한다. 1870년대, 이미 일본에서는 한국을 정복하자는 정한론이 일본 우익세력 사이에 비등하였고 1873년 조선해역을 탐사하였다.

1876년 일본은 미국의 페리 제독이 일본을 강제로 개국한 것과 유사한 방법으로 일본 해군의 운양호를 비롯한 세척의

함선을 조선의 강화도 유역으로 파견하여 군사적 위협을 가한 후 조선으로부터 조일수호조약을 이끌어 내게 된다.

그 후 일본은 여러 형태로 조선의 정치적 문제에 개입하였고, 갑오농민전쟁, 청일전쟁, 을미사변 그리고 러일전쟁으로 이어지는 한국 침탈 전쟁을 추진하였다. 마침내 일본은 1905년 을사늑약을 체결하여 한국의 주권을 불법적으로 강탈하여 갔다.

기독교 선교는 일본의 침략이 노골적으로 가시화되는 시기에 이루어졌다. 기독교 수용의 주도세력은 친미 개화세력이었고 근대화의 열망을 기독교에 담고 있었다. 그러나 일본의 한국 침략은 반일 민족 감정을 자극하였고 그중에 상당한 부분이 기독교를 대일 항쟁의 사상적, 조직적 근거로 사용하려는 움직임으로 발전하였다.

중국과 일본이 서구 제국주의의 강압에 노출되어 반서구적, 반기독교적 정서가 동일시된 것과는 달리, 한국은 아시아 국가인 일본의 침략을 받음으로써 중국이나 일본과 달리 기독교가 민족적 정서와 깊이 융합하여 선교 초기부터 민족적 교회로서의 모습을 구현하여 왔다.

한국 기독교의 민족주의적 성격은 대일 무장 투쟁을 하는 무력 투쟁에서부터 온건한 실력양성운동으로서 교육과 산업에 이르기까지 기독교 민족운동이 광범위하게 일어났다. 신앙과 신학에서도 한민족 구원의 신학, 민족의 기독교화 신학이 나타나는 등 일제의 침략은 해방 이전 한국 기독교의 민족주의적 성격을 구현하는 가장 강력한 촉매로서 작용하였다. 한국에 기독교를 들여온 이들의 요구는 어떤 형태든 한국 사회를 변화시키려는 시대의 선구자들을 통해 요청되었고, 기독교는 그 시대적 요구에 소명 의식을 갖고 헌신하여 왔다. 오늘의 한국교회에도 시대적 요청이 있으리라고 보며, 거기에 적절하게 부응하여야 할 사명이 있다고 하겠다.

4

기독교 선교사들은
어떤 사람들인가

1. 선교사의 이미지 형성

한국 기독교에는 기독교의 수용을 시도한 선구자들이 있었는가 하면 기독교를 전파한 선교사들이 있었다. 한국에 도래한 선교사들은 한 마디로 말하면 영어를 사용하는 영어권 국가에서 온 선교사들이었다. 가장 많은 선교사를 한국에 보낸 교회는 미국 교회였고 캐나다, 오스트레일리아, 그리고 영국 선교사들이 한국에 왔다.

초기 한국교회에 도래한 교파는 미국 북장로교와 남장로교, 미국 북감리교와 남감리교, 캐나다 선교부, 호주장로교 선교부, 영국성공회, 구세군, 성결교회였다.

남북장로교와 남북감리교는 미국에서 벌어진 노예제도와 관련이 있다. 노예제도 문제는 18세기 복음주의 교회의 중요한 신학적 사회적 과제 중 하나였다. 영국에서는 18세기 말부터 감리교의 영향을 받은 영국 정치가 윌리엄 윌버포스가 끈질긴 노예제도 폐지운동을 벌였다. 그는 절친한 친구이던 영국의 명재상인 윌리엄 피트의 정치적 도움과 클래펌 공동체의 후원으로 40년 이상 노예제도 폐지를 위한 입법 투쟁을 전개하였다. 1806년 대영제국의회는 노예제도를 폐지하는 법안을 통과시켜 유럽에서 노예제도가 사라지는 계기를 만들었다. 기독교 정신이 구현한 휴머니즘의 위대한 승리였다.

미국에서는 유명한 찰스 피니와 같은 복음주의자들이 주도한 노예제도 폐지 운동이 일어났다. 노예제도에 대한 복잡한 논쟁 속에 미국 교회는 노예제도 폐지를 주장한 북부와 찬성한 남부로 분열되었다. 교회뿐 아니라 미국이 분열하여 남북전쟁을 치르고서야 미국의 노예제도 문제는 해소되었다.

캐나다 선교사들은 처음에는 개인 자격의 선교사로 내한하여 활동하였다. 후에야 캐나다장로교회로 그리고 캐나다연합교회가 결성되어 조직적인 선교가 가능하게 되었다. 그런이유로 캐나다 선교사들 중에는 미국 선교부로 이적한 이들도 있었다. 미국 남감리교로 이적한 하디 선교사나 미국 북장로교로 이적한 게일 등이 그런 예였다.

호주 선교부는 호주 빅토리아교회의 후원으로 한국에 온 데이비스 목사가 불과 몇 달이 못 되어 사망하자 그의 뜻을 기리기 위해 조직적으로 선교사를 파송하게 되었다. 영국성공회는 초대 주교 코르프가 영국 해군의 선교 후원을 받아 한국에서 선교를 시작하여 영국 교회의 신앙 전통을 한국에 전할 수 있었다.

성결교회와 구세군은 존 웨슬리의 전통을 잇는 성결운동의 확장으로 한국에서 시작되었다. 미국의 성결운동가인 카우만이 일본인 감리교 감독 나카다 쥬지와 함께 동경에 성서학원과 복음전도관을 설립하게 된다. 이곳을 졸업한 한국인들이 귀국하여 성결운동이 한국에서 본격적으로 뿌리내리게 하였다.

영국, 캐나다, 호주 등 영어권 국가들의 선교가 미국과 함께 이루어졌던 것은 사실이지만 한국에 가장 큰 영향을 준 것은 단연 미국 선교부였다. 수적으로 여러 나라를 압도했을 뿐아니라 선교정책과 재정의 투입 등에서 가장 큰 역할을 하였다. 이러한 사실은 이후 한미 관계에 선교사들이 큰 영향을 미치도록 한다.

해방 후 한국은 미국과 정치적 군사적 경제적으로 긴밀한
관계를 유지하게 되는데 한국인들이 가지게 된 미국에 대한
긍정적 이미지는 구한말부터 선교사들로 인해 형성된 이미지
로부터 시작된 것이다. 최근 한국은 중국과의 교역이 가장 많
은 국가가 되었으나 1970년대 이후 40여 년간 한국은 미국의
압도적인 영향을 받았다. 한국이 도입한 미국적인 제도들이
많지만 그중에서도 가장 큰 영향을 준 것이 기독교이고 그 영
향은 미국 선교사들을 통해서 이루어졌다.

2. 선교사의 복음주의 신학

한국교회는 흔히 복음주의 교회로 알려져 있다. 복음주의
란 종교개혁 사상을 계승한 성서의 권위를 강조하는 개신교
전통을 말한다. 근대에 와서 복음주의는 근대 부흥운동에서
나타난 종교체험 특히 거듭남의 체험을 강조하는 전통을 말하
며, 자유주의 신학 사상이 성서의 권위를 훼손한다고 보아 자
유주의와 대립하는 신앙운동이라고 할 수 있다. 복음주의는

성서의 권위, 성서해석에서 예수 그리스도 중심, 중생의 체험 강조가 그 핵심이라 할 수 있다.

근본주의는 복음주의가 종교개혁 전통을 유지하려 하는 것에 비해 이 전통에 도전하는 사조들과 이념적 투쟁을 벌이는 과격한 태도를 일반적으로 지칭한다. 그래서 기독교 근본주의가 아니어도 언론에서 이슬람 근본주의나 시장 근본주의와 같은 용어를 사용하는 것은 투쟁적으로 이데올로기를 유지하려는 태도를 가리키는 용어로 정착하였다.

한국에 온 선교사들은 일반적으로 복음주의 선교사였다. 자유주의 신학에 반대하였고 가톨릭을 강하게 비판하는 입장을 취하였다. 물론 캐나다 선교사 스코트처럼 초기부터 자유주의를 견지한 인물들도 있었다. 그러나 한국 기독교는 복음주의자들이 항상 자유주의자들을 압도하고 있었다. 최근에 와서 신학적 중도주의가 한국 기독교에 특히 신학교육에 많이 반영되어 1990년대 이후로는 신학적 논쟁이 과격하게 진행되고 있지는 않다.

그 이유는 복음주의는 자유주의가 추구하는 학문적 정직성과 그 연구 성과를 수용할 필요가 생겨났고 자유주의는 신학을 위한 신학이 아닌 교회와 선교를 위한 신학이라는 신학 원래의 목적에 충실할 필요가 있기 때문이다.

이러한 선교사들의 복음주의적 성격은 한국교회의 신앙에 깊은 영향을 주었다. 이웃 일본의 기독교는 초기부터 유럽에 유학생을 대거 보내 신학 연구를 진행하여 신학적 성과를 거두는데 집중하였기에 교회의 발전과 선교가 더디게 진행되었다. 이와는 달리 한국 기독교는 활발한 전도활동, 교회의 확산, 개인 경건훈련과 기독교적 사회활동 등 매우 풍부하고 다양한 기독교의 유산을 형성하여 왔다.

선교사들과 한국 기독교는 불가분의 역사적 관계를 형성하여 왔고 한국 기독교의 이러한 성격은 해방 후에도 유지되었다. 해방 전에 한국 기독교의 중심적 역할을 한 교회는 장로교회, 감리교회 그리고 성결교회였다.

그런데 해방이 되고나서 가장 크게 성장한 교회는 오순절교회와 침례교회이다. 오순절교회는 한국전쟁 중에 한국을 방문한 미국 오순절 교회 소속의 군종 목사들에 의해서 처음 소개되었다. 일제강점기인 1928년 미국인 여선교사 럼지가 한국에 와서 사역을 하였으나 그 열매가 미미하였다. 그런데 한국전쟁 후 오순절 운동은 비약적으로 발전하여 불과 40년 만에 100만이 넘는 신도를 보유하게 되었다.

침례교 역시 일제강점기에는 동아기독교회라는 작은 교회로 존재하다가 1960년대 이후 미국 남침례교회가 다수의 선교사를 파송하여 한국의 침례교회를 후원하면서 비약적으로 발전하여 대규모 교단으로 성장하였다.

한국 기독교의 기원과 성장에 선교부의 영향은 결정적 요소 중에 하나로 작용하였고 그것은 초기 한국교회 형성기부터 현재까지 유사한 수준으로 영향을 미치고 있다. 이것은 한 세기 동안 이미 진행된 태평양 사이의 종교적 교류와 문화적 확산이 복음주의라는 기독교 운동을 통해 진행된 예라고 할 수 있다.

3. 서울과 서북 기독교의 두 전통

한국 기독교의 신학적 지형도는 서북에서 시작하여 영남으로 이르는 지역적 축과 반대로 동북에서 남서로 이어지는 축이 교차한다. 서북과 영남은 한국 기독교의 복음주의 경향을 대표하며 동북과 호남은 한국 기독교의 진보성을 대표한다. 한국에서 진보성이란 반드시 신학적 진보성을 의미하는 것은 아니다.

오히려 서북의 기독교와 비서북의 기독교의 관심의 영역에 차이가 있었다고 보아야 할 것이다. 그 대표적인 두 인물이 서북을 대표하는 사무엘 마펫 선교사와 서울을 대표하는 호레이스 언더우드 선교사이다.

호레이스 언더우드(左)와 사무엘 마펫(右)

마펫은 비록 언더우드보다 늦게 한국에 도래하였으나 평양대부흥운동이 일어난 1970년도 평양의 신학적 지도력을 대표하였다. 그는 선교 50주년을 기념하는 자리에서 마치 사도바울이 갈라디아에 보낸 편지와 유사한 어조로 자신들이 전한 복음 외에 어떤 것도 받아들이지 말 것을 한국교회에 경고하였다.

마펫은 전형적인 미국 장로교회의 유산을 갖고 있었고 이를 한국 장로교회에 전달하려 하였다. 그의 사상과 활동의 배경에는 그의 생애 내내 미국에서 형성된 청교도적 정신과 삶의 태도 그리고 굳건한 신학이 자리하고 있었다. 이러한 마펫의 사상은 한국 선비들이 지향하던 비타협적 정통주의 정신과 강하게 유대하게 되었다. 한국 기독교를 대표하는 것이 장로교회이고 장로교회의 대부분은 마펫이 심은 씨앗의 결실이라고 보아도 무방하다.

이에 비견되는 이가 언더우드이다. 언더우드는 미국 북장로교 선교사로 한국에 왔으나 그의 출생지는 미국이 아닌 영국이었다. 10대 중반까지 영국에서 보낸 그는 뉴욕에서 대학을 마쳤고 전형적인 미국 장로교 신학교가 아닌 네덜란드 개혁교회 전통의 신학교를 졸업하였다. 언더우드의 신학적 태도는 마펫과 상당히 다른 면모를 보여준다. 마펫이 전형적인 미국 장로교의 전통을 고수하고 있다면 언더우드는 장로교 전통만을 고집하지 않고 감리교 및 여러 교파 선교사들과 연합하여 사역하는 것을 지향하였다.

서북의 기독교가 교회중심이며 교리적이고, 정통주의이고 강력한 교권을 구성하였다면 서울의 기독교는 교회를 넘어서 YMCA, 기독교 문서 활동 등 다양한 기독교 활동의 외연을 넓혔고 교리 보다는 기독교적 문화를 연구하고 확산하는데 주력하였다. 그리고 정통주의를 고수하기 보다는 다양한 신앙고백의 조화를 추구하며 교권을 구성하기보다는 교회의 에큐메니칼운동을 펼쳐 연합운동에 방점을 찍었다.

한국 기독교의 역사 속에는 이러한 두 가지 전통이 자리하고 있다. 한국에서 양대 전통의 영향을 말하자면 정통주의적 전통이 압도적으로 크다고 할 수 있다. 그렇기 때문에 지난 세기 동안 한국 기독교는 교회 중심, 속죄 신앙 중심 그리고 교회 내적 활동에 주력하여 왔다. 그러나 2000년대 이후 한국교회의 성장에 정체가 나타난 후 교회의 성장주도 전략은 수정이 불가피하게 되었다. 한 세기 넘게 지켜온 정통주의에서 이제는 한국 사회의 여러 분야에 대한 기독교적 답변을 시도하는 하나님 나라 지평의 확장을 요구받고 있다. 지난 역사의 신학이 십자가와 구원의 신학이었다면 이제는 구원받은 공동체가 사회와 세계를 변화시키는 하나님 나라의 확장의 역할에 더 주력하여야 한다는 새로운 시대적 요구에 직면하고 있다. 다행히 한국 기독교에는 이 두 가지 전통이 잘 보존되어 있다. 옛 사명과 더불어 새 사명을 감당해 나가야 할 것이다.

5

한국교회의 영성은
어떻게 형성되었나

1. 한국 기독교의 영성

한국 기독교의 영성은 그 전반적 흐름이 부흥회적 열정이다. 그것은 이웃 일본과 비교해도 여실히 드러난다. 일본은 한국보다 30년 가까이 먼저 개신교가 전파되었지만 일본 기독교의 역사 속에서 한국과 같은 대규모 부흥운동은 거의 없었다. 일본의 초기 기독교인들은 일본의 전통적 사무라이 출신들이 많았다.

메이지시대가 시작되면서 사무라이 계층에 의존하던 막부체제는 완전히 와해되었다. 메이지 정부의 중심 세력은 일본을 서구적인 형태의 국가로 바꾸려고 하였다. 일본의 전통적정신세계를 서구화하는 것은 불가능하다고 그들은 판단하였다. 일본은 동도서기의 모형을 만들어 기술적인 것은 서구적인 것을, 정신적인 것은 동양적인 것을 추구하였다.

일본 개화세력은 이런 논리로 미국적 헌법, 프랑스적 민법, 독일식 군대 등 여러 조합을 만들어 일본의 근대를 형성하였다. 정신세계에서 서구적인 것을 거부한 일본 개화세력은 일본 정신의 토대를 일본 신도를 통해 구축하려 하였다. 그래서 일본에서는 개화세력이 아닌 구체제에 속했던 사무라이들이 기독교인이 되는 일이 많았다. 일본의 대표적 기독교인인 우치무라 간조와 같은 이가 사무라이 가문 출신이었다. 일본 기독교는 이러한 기원 때문에 대중성과 괴리된 종파적 성격과 더불어 하나의 학문으로 정착하게 되었다.

반면 한국의 기독교는 초기부터 대중 속으로 빠르게 확산되었다. 일본에서 유일신 사상이 뿌리내리기가 어려웠던 것과 달리 한국에는 대륙의 가마민족의 후예로서 천신사상 또는 하나님 사상이 기독교 이전에도 잠재하고 있었고 종교적 열정과 헌신에 있어 오랜 전통을 간직하고 있었다. 삼국시대 최치원은 진리가 있다고 하면 그곳이 어느 곳이든 찾아가 배워오는 것이 한민족이 진리를 숭상하는 정신세계의 진면목이라고 하였다. 이처럼 수천 년 동안 서적을 소중히 여기고 진리를 깨

우치려고 하는 정신이 근대에 와서 기독교를 만나게 되었던 것이다.

한국교회에 부흥운동이 깊이 뿌리를 내리게 된 것은 신비적 정서, 서적을 소중히 여기는 전통 그리고 헌신적인 종교생활의 기풍들이 어울려 된 것이다. 부흥운동은 대중들의 종교적 요구를 빠르게 충족시키는 계기를 마련하였다. 기독교 지도자들은 회심의 체험에서 신학적 사유의 기반을 구축하였고 근대 기독교의 경험적 신앙을 한국에 깊고 넓게 정착시키는 계기를 마련할 수 있었다. 기독교의 성육신적 신비, 성례전적 신비와 한국인의 신비적 정서 사이의 상통성이 한국의 기독교 선교와 만나 번영을 이루게 된 것이 부흥운동이었다.

또 다른 요소는 초기부터 교회 내에 큰 힘으로 작용하던 정치적 애국운동이 1905년 을사조약 체결 후 그 출구의 통로가 막혔다는 것이다. 게다가 대부분 내한 선교사들은 본국에서 올 때 선교지에서 정치적인 문제에 간섭하지 않도록 교육을 받고 왔었다. 1905년을 전후로 한국에는 의병이 창궐하고 대일항쟁의 분위기가 압도하게 되었다.

선교사들은 이러한 과격한 정치운동이 신생 한국교회를

일제의 압박에 노출시키는 위험을 초래할 것이라는 우려를 갖게 되었다. 이를 타개할 방법은 교회 안에서 정치적인 것들을 축소하거나 제거하는 것이었다. 선교사들에게 을사조약 직후 한국교회의 비정치화는 필연적인 요구였다. 부흥운동은 속죄의 경험을 통해 개인의 내면세계를 정화할 수도 있었고 이를 확장하여 교회 안에 있는 정치적 요소 역시 제거할 수 있었다. 부흥운동의 동기에는 이러한 시대적 요소가 복잡하게 작용하고 있었다.

2. 부흥운동의 전통

한국교회 초기의 부흥운동은 세 시기로 구분할 수 있다. 처음 남감리교 선교 구역 안에서 하디 목사가 주도하여 일어난 1903-1904년의 부흥운동, 그리고 1907년도에 평양에서 일어난 평양대부흥운동, 1910년 한일합방을 기해 기획하여 일어난 백만인 구령운동이 각각 그것이다.

한국의 부흥운동은 처음부터 견고하게 정착한 성서연구와 기도회에 기초하여 있다. 부흥운동을 과학이라고 여겼던 미국의 복음주의 부흥운동가 찰스 피니에 따르면 부흥운동의 가장 중요한 두 가지 요건은 성서 읽기와 기도였다. 그런 점에서 한국교회는 부흥운동의 기본적 요건을 이미 잘 갖추고 있었던 셈이다.

하디 목사는 캐나다에서 온 의사 선교사였다. 부산 지역을 중심으로 의료선교를 하다가 미국 남감리교회로 이적하여 강원도 대관령 동쪽, 함경도 남쪽과 강원도 북부 지역의 선교 책임자로서 선교에 임하고 있었다.

한국 기독교 부흥운동의 토대는 초기 한국교회의 성서와 기도의 전통으로 다져져 있었지만 하디 부흥운동의 직접적 계기는 근대 성결운동을 통해 나타났다. 프란손이라는 스웨덴 목사가 한국을 방문하였는데 그는 20세기 초 성결운동의 중요한 인물이었다. 그 후 남감리회 선교사를 방문한 화이트 여사 역시 근대적 경건을 강조한 신앙인이었다.

하디는 이들이 강연한 사경회에서 격렬한 내적 변화의 도전을 경험하였다. 그리고는 자신이 사역하는 선교지 교회에서 한국인 교우들에게 회개의 고백을 하였다. 여기에서 한국교회는 회개의 고백을 배우게 되었고 이 회개운동이 하디의 선교

구역인 원산 일대를 강타하였다. 그 이듬해에는 원산 지역을 넘어서 송도, 인천, 공주, 서울 등으로 하디 목사의 순회설교가 있었고 그 지역에서도 원산에서처럼 회개운동이 일어나게 되었다. 이것이 하디 목사의 남감리교 부흥운동이었다.

로버트 하디

1905년 하디 목사의 안식년이 끝난 후 1906년 하디는 서울로 초청되었고 여기에 참석한 평양의 장로교, 감리교 선교사들은 원산에서처럼 평양에서도 부흥의 열기가 나타나기를 기도하였다. 약 반 년간 평양의 선교사들이 기도하던 끝에 1907년 1월 평양의 장로교회 장대현교회와 감리교회 남산현교회를 중심으로 부흥운동의 불길이 타오르기 시작하였다.

이 열기는 평양시의 기독교 학교들로 번져갔고, 뒤이어 경의선을 따라 정주, 선천, 의주로 그리고 남쪽으로 내려와 서울을 거쳐 동으로는 대구와 서쪽으로는 공주와 목포에 이르기까지 반 년간의 부흥운동의 열기가 한국교회를 휘감았다.

이 부흥운동은 한국교회의 전형적 성격을 형성하게 한다. 성서의 교회, 기도의 교회, 헌신과 전도의 교회 그리고 이 부흥운동의 신앙은 민족운동의 이념을 신학적으로 변형하여 흡수하였다. 정치적 민족주의 운동은 기독교 교회 안에 신앙적 민족 구원운동으로 변화하여 민족 구원의 신앙이라는 형태로 자리 잡게 되었다.

1970년대와 1990년대까지 서울 여의도에서 진행된 초대형 개신교회의 집회가 민족 복음화라는 이름으로 종교적 민족주의의 잠재적 성격을 간직하고 있었던 것은 바로 이러한 현대적 운동들도 부흥운동의 유산이라는 것을 보여준다.

1910년 8월 22일 한일합방이 이루어지자 선교사들은 이 비극적 사태를 타개할 방법으로 부흥운동을 기획하였다. 감리교회를 중심으로 미국에서 가장 탁월한 설교자들이 초빙되었고 정교하게 조직된 부흥운동이 진행되었다. 새롭게 백만 명을 회심시킬 수 있는 기회라고 여겨 '백만인 구령운동'이라고 이름이 붙여졌다.

과도하게 인위적이었기 때문일까. 백만 명의 회심자는 없었다. 그럼에도 불구하고 2만 명이 넘는 새로운 신자를 얻었다. 백만인 구령운동이 지난 후 누구나 알게 된 사실은 한국교회의 영성과 신앙은 부흥운동이라는 형식으로 형성되었다는 것이다. 그리고 그 전통은 여전히 한국 기독교에 유효하다.

3. 해방 전후 부흥운동의 계보

1907년 대부흥운동은 한국 기독교 역사에 또 하나의 변화를 가져왔다. 탁월한 한국인 설교자들이 출현한 것이다. 길선주 목사는 1907년 대부흥운동으로 출현한 탁월한 설교자였다. 흔히 길선주 목사를 통해 회심한 한국교회 교인이 백만을 넘을 거라는 추산이 있는 것을 보면 그의 설교가 어떤 것이었는지 짐작할 수 있다.

길선주 목사가 한국교회 부흥운동 설교자의 첫 세대라면 그의 뒤를 잇는 두 번째 세대에 해당하는 이들이 김익두, 김인서 그리고 감리교의 이용도 목사이다.

길선주 목사

김익두 목사

김익두는 서른 즈음에 평양신학교에 입학하여 기미년 만세운동 이후에 한국교회에 등장한 설교자이다. 김익두는 치병 이적의 설교자로 유명하였다. 그의 기도를 받고 병이 나은 이들이 많아 치병 이적의 설교자로 알려졌다. 그러나 서북과 영남에서 김익두 목사의 사역이 환영받은 것과는 달리 호남과 관동 그리고 서울 지역에서는 김익두 목사의 사역이 환영받지 못하였고 그의 이적 치유를 받아들이지 않는 경향이 있었다.

길선주의 뒤를 이은 열정적 복음 설교자 중에 김인서가 있다. 김인서는 원래 독립운동을 하다가 투옥되어 감옥 생활을 하고 옥중에서 신비한 회심경험을 한 후 철저한 복음주의자의 삶을 살아간 인물이었다. 사실 오늘 우리가 알게 된 길선주, 김익두, 주기철 등 한국교회의 중요한 인물들을 처음 역사적으로 기술하기 시작한 이가 김인서였다.

그는 간도의 조선인들부터 삼천포 남해 끝까지 부흥전도

여행을 다니면서 설교한 복음 전도자였다. 생애 내내 평신도 설교자로 살았으나 해방되고 부산에 정착하면서 대성교회를 맡아 목사가 되어 말년까지 복음 전도자로서 삶을 살았다.

이용도는 감리교회가 배출한 설교자였다. 이용도 역시 청년 시절 3·1운동으로 옥고를 치르고 난 후 감리교협성신학교에 입학하여 전도자의 길에 들어섰다. 마른 몸에 폐질환까지 있었지만 여러 번의 종교체험을 바탕으로 신비주의적 경향을 띤 설교를 하였다. 흔히 고난 받으시는 그

이용도 목사

리스도 신비주의로 알려진 이용도의 설교는 가난과 억압 그리고 처절한 고난의 삶을 살았던 일제강점기 한국교회와 한국인들에게 고통의 공감력을 가지고 다가가 위로하는 힘이 있었다. 말년에 한준명 등 원산의 접신파와 교류하고 그들과 합하여 예수교회라는 신생교회를 설립함으로써 오점을 남기기도 하였다.

정남수 목사

성결교회에는 정남수 목사라는 이가 있었는데 안창호가 설립한 흥사단의 일원이기도 하였던 인물로 미국 남감리교회에서 목사가 되어 한국에 돌아와서는 성결교회에서 활동하였다. 1932년부터 1935년까지 자동차와 금관밴드를 이용하여 초대형 천막집회를 열어서 성결교회가 그전까지 접근하지 못했던 한강 이북 지역에 성결교회의 지평을 확대하고 넓힌 인물이었다. 1936년 성결교회 분열 사태에 연루되어 하나님의 교회를 한국에 창설하는데 기여하였다. 해방 후 미국으로 갔다가 귀국하여 나사렛 교회를 설립하였다.

해방 후에는 성결교회의 이성봉 목사가 대표적인 부흥설교자였다. 노래하는 설교자이며 천로역정 강화로 유명했던 이성봉 목사는 전후 한국 사회의 궁핍과 고통을 위로한 설교자로

이성봉 목사

기억되고 있다.

이성봉 목사 이후에는 전국적 부흥설교자는 거의 사라졌다고 보이는데 우선 부흥설교자들이 순회 설교보다는 자신이 사역하는 교회에 머물기를 선호하게 되는 상황의 변화가 있었기 때문이다. 부흥설교의 내용도 해방 전 설교자들이 복음적 회심을 일관되게 강조했던 것과는 달리 해방 후에는 현세적 축복과 교회의 성장 등 현실적 목표의 설교들이 많아지면서 부흥설교자들의 신앙적 힘이 많이 약화된 이유도 컸다. 한국 기독교의 활성화를 위해서 복음과 회심 그리고 순수한 헌신을 요구하는 설교자를 다시 갖게 될 때 한국교회의 새로운 전망의 한 통로가 열릴 것이다.

기독교의 애국운동은
어떤 것인가

1. 개화운동과 기독교

기독교가 한국에 수용될 때 한국은 근대화에 대한 열망과 일제의 침략 위협을 받고 있었다. 그렇기 때문에 한국의 기독교 수용은 기독교를 통해 자주적 근대화를 실현하려는 꿈과 일제의 침략이 본격화되기 시작하면서 대일 저항의 에너지로서 자리 잡게 되었다.

기독교가 개화운동과 본격적으로 연결된 것은 기독교 수용 세력이 온건한 친미 정치 세력에 의해 주도되었다는 사실에서도 기인한다. 그러나 이러한 기독교 개화운동이 본격화된 것은 독립협회 사건을 통해서였다.

잘 알려진 것처럼 독립협회는 청일전쟁 후 조선에 대해 정치적·군사적 영향을 좌우하던 청나라가 조선에서 물러나자 조선의 독립을 기념하고 다짐하기 위해 설립된 기구였다. 독립협회는 처음에 관민 협력 기구로서 개화관료들과 신분해방이 된 일반 민중들이 대거 참여하였다.

독립협회는 청나라 사신을 맞이하던 영은문을 헐고 그 자리에 개선문을 본뜬 독립문을 건립하여 조선의 자주독립의 의지를 표명하였다. 그리고 만민공동회를 개최하여 한국의 민군운동과 의회주의의 대중적 토대를 놓았다. 독립협회는 조선시대 수백 년간의 숙원이던 노비제도 폐지를 강력하게 여론화하였고 실지로 독립협회에 깊이 관여하였던 윤치호는 자신의 가노들을 해방하여 새로운 시대의 문을 열었다.

독립협회는 새 시대의 정치적 모형을 논의하다가 입헌군주제나 공화제를 논의하였다. 그러던 중 서재필, 박영효의 총리, 대통령 설이 난무하면서 고종의 노여움을 사게 되었고 결국 독립협회는 해산되고 구성원들은 한성감옥에 투옥되었다.

이때 감옥에 갇힌 이들이 미래 한국의 지도자들이 될 것을 안 선교사들은 감옥을 방문하여 이들을 위로하고 전도하게 된다. 그때 처음으로 회심하여 기독교인이 된 이가 이승만이다. 이승만과 더불어 이상재, 김정식, 신흥우, 박승봉 등이 개종하

월남 이상재   우남 이승만

였고 기왕의 기독교인이었던 윤치호, 남궁억 등이 기독교 개
화운동의 초석을 놓게 되었다. 여기에 참여하였던 박정양, 이
완용 등 개화파 관료들은 기독교로 개종하지는 않았으나 한국
의 개화운동의 기반을 놓게 된다. 이완용은 독립협회 출신이
었음에도 불구하고 후에 일제의 한국 침략의 기반을 놓은 을
사늑약을 추진하는데 앞장서서 친일매국의 대명사가 되었다.

독립협회가 해산되고 나서 대한자강회, 대한협회 등 독립
협회의 정신을 물려받은 기관들이 나타나 그 맥을 잇게 된다.
또한 독립협회의 해산으로 독립과 개화를 추진하던 기독교 세

력들은 새로운 출구를 모색하게 된다. 한국의 근대화 과정에서 독립협회는 가장 구체적으로 나타난 근대화 세력이고 독립운동 세력이었다. 이로 말미암아 한국의 근대화를 향한 움직임이 구체화되었고 독립협회 해산 이후 그 근대화를 지향하는 정신은 기독교인들을 통해서 상당수 계승되고 발전하여 애국계몽운동, 독립운동으로 이어져 일제강점기 내내 이어지게 된다. 기독교 민족운동은 구한국시대의 근대화운동에서 시작하여 그 동력을 이어받아 일제강점기에는 애국독립운동의 중심으로서 끈질기게 민족의 봉사자로서의 그 역할을 담당하였다. 그러한 정신은 오늘의 한국교회에도 이어지고 있다.

2. 민족운동과 기독교

독립협회 해산 후에 기독교인들이 결성한 기독교 민족운동 단체가 상동청년학원이다. 상동청년학원은 감리교회 상동교회 안에 설치된 청년부였다. 당시 감리교선교사 스크랜턴이 상동교회를 맡고 있었고 한국인으로 전덕기 전도사가 청년부를 지도하였다.

원래 감리교회에는 엡윗청년회라는 것이 있었다. 엡윗은 감리교회의 창시자인 존 웨슬리의 고향 지명으로 감리교의 청년정신을 되새기기 위해서 청년부의 이름을 엡윗이라고 하였다. 상동청년학원은 상동교회 안에 설치된 엡윗청년회였다.

이 청년부를 지도하는 전덕기 전도사는 열혈 애국 기독청년으로서 을사조약 체결을 전후하여 한국이 일제의 강압에 놓이게 되자 청년학원 구성원들에게 군복을 입힌 후에 군사훈련을 시키고 철저한 애국 항일의식을 심는데 주력하였다.

원래 독립협회 서무부에서 일하였던 전덕기는 1900년 독립협회가 해산되자 상동청년학원을 설립하여 독립정신을 계승하려 하였다. 이 상동청년학원은 헤이그밀사 파송에도 깊이 관여하였으나 을사조약 체결 후 선교부에서 교회의 정치활동을 금하면서 상동청년학원은 문을 닫게 되었다.

그러나 기독교 민족운동의 기맥은 거기서 멈추지 않았다. 교회 내에서 민족운동을 진행하는 것이 어려워지자 교회 밖에 전국적 단위의 기독교 민족운동 단체를 조직할 필요성이 대두되었다.

게다가 1904년부터 감리교회 안에 일어난 부흥운동은 전국적으로 서서히 확대되고 있었다. 1907년 평양을 시작으로 장로교, 감리교 선교 구역 대부분으로 부흥운동이 확산되었다. 부흥운동의 성격은 개인적이고 내세 지향적이며 종교경험 지향적이었다. 이 부흥운동으로 한국교회의 대중적 성격, 종교적 성격이 형성되어 이후 한국교회의 전형적 특징을 구현하게 되었다.

부흥운동으로 정치사회적 관심이 교회 내에서 축소되면서 교회 밖에 기독교 민족운동 단체를 조직할 필요가 증대하였고 그 결과 출현한 것이 신민회였다. 상동청년학원이 교회의 청년부 조직에 기반하였던 것이라면 신민회는 교회 내부적 조직에 의존하지 않고 독자적으로 결성한 단체였다.

사실 1906년에서 1907년으로 넘어가면서 신민회가 조직되었으나 비밀조직으로 구상하였기 때문에 1910년 105인 사건으로 그 전모가 드러나면서 실체를 드러내었다.

1905년 을사조약체결 후 상동청년학원이 선교사들의 정치 불간섭 정책으로 해산되고 나서, 1906년부터 1907년 2월 사이에 신민회가 조직되었다. 처음에는 상동청년학원을 주도하였던 전덕기가 양기탁과 함께 상동청년학원 이후의 기독교

전덕기 목사

민족단체를 재건하기 위해 시도하였고 여기에 조직 구성에 탁월한 능력을 가진 안창호가 함께 참여하면서 그 조직이 전국적 단위로 확대되었다. 안창호는 흥사단 그리고 3·1운동 이후에 상해에 설립된 대한민국임시정부와 임시정부 산하의 국내 조직인 연통제를 조직할 때에도 그의 탁월한 조직

구성 능력을 발휘하였다. 신민회는 기독교인들이 주도한 애국계몽단체였으나 그 인맥과 정신은 후에 대한민국임시정부를 설립하는데 연결되었다.

3. 105인 사건과 기독교 민족운동

일제는 1910년 한일합방을 하자 가장 먼저 안악사건과 105인 사건을 도발하여 한반도 통치의 걸림돌을 제거하려 하였다. 합방 후 일제는 한국의 토지 침탈을 위한 토지조사사업과 동양척식주식회사 설립을 통해 경제적 수탈의 토대를 만들어 가기 시작하였다.

그리고 바로 일어난 사건이 바로 안악사건과 105인 사건
이었다. 이 양대 사건은 모두 기독교인과 관련된 것이었다. 일
제는 1909년 이토 통감이 한국의 기독교인 안중근에 의해 하
얼빈 역에서 격살되자 그 이듬해인 1910년 한일합방을 단행
하였다. 항구적 식민지 체제를 구축하려는 일제의 압제가 시
작되었다.

이토의 죽음으로 일제는 단연 한국 내에서 반일 세력을 색
출하고 척결하기 위한 노력에 심혈을 기울이게 된다. 안악사
건과 105인 사건은 그런 배경에서 나타나게 되었다. 안악 사
건은 안중근의 동생 안명근이 독립운동 자금을 모은 사건이
일제에게 발각되어, 이를 구실로 김구, 최명식 등 황해도 일대
의 교사, 지식인 등 무려 160명 이상 일제에게 검거된 사건이
었다.

그 다음에 일제가 시도한 것이 한국 최대의 기독교 세력의
본거지인 평안도 기독교인들에게 타격을 입히는 것이었다.
신민회는 평안도의 기독교 세력이 중심이 된 기독교애국계몽
단체였다. 일제는 이미 신민회의 존재를 어느 정도 파악하고

있었기 때문에 신민회를 색출하고 해체하기 위한 음모를 꾸미게 되었다.

초대 총독 데라우치 마사다케가 1910년 12월 한반도와 만주를 잇는 압록강 철교 낙성식에 참석하게 되었는데 여기에 한국의 기독교인들이 사제 폭탄을 제조하여 데라우치 총독을 암살하려한다는 구실로 기독교인들을 대거 검속하기 시작하였다. 1911년 11월부터 일제의 검거가 시작되어 모두 157명의 인사들이 체포되었다.

이들 중 123명이 재판을 받았고 그중에 기독교인이 105명이 있어서 기독교 역사에서는 이 사건을 105인 사건이라 부르게 되었다. 기독교인 중 장로교인이 97명이었고 선천과 정주 출신으로 검거된 이가 67명이었다. 서북의 기독교와 신민회의 관계가 여기서 드러나고 있다.

재판은 졸속으로 진행되었다. 일제가 혐의로 제시한 것들이 속속 무효로 드러났다. 한국의 기독교인들이 폭탄을 소지하고 기차에 탑승하였다는 정주 역에서 기차표가 팔린 것이 거의 없었다는 것이 드러났다. 그러나 가혹한 취조와 고문으로 재판은 오염되었다.

이러한 무죄의 증거들이 속속 드러났으나 대부분의 피의자들은 10년에서 5년의 중형을 언도받았다. 후에 대부분 감형이 되어 1915년 전에 대부분 석방되었으나 그 피해는 막심하였다. 신민회 설립의 주역인 전덕기 목사는 고문의 후유증으로 석방 후 사망하였다. 김근형, 한필호 등도 고문으로 사망하였다.

신민회는 그 조직이 해체되었고 3·1운동이 일어나기 전까지는 국내에 이렇다 할 기독교 민족운동이 재건되지 못하였다. 1919년 3·1운동이 일어나면서 소위 일제의 문화 통치가 시작되었다. 1920년대에는 일본의 메이지 천황 이후 다이쇼 천황이 즉위하여 짧지만 민권시대가 열리게 되었고 조선의 자치에 대한 논의도 일어날 만큼 새로운 사회 분위기가 조성되었다.

1920년대 상해에는 임시정부가 설립되고 그와 연계된 조직들로서 다양한 기독교 민족운동 단체들이 재건되었다. 이때부터 약 20여 년 간이 기독교 민족운동의 절정기로서 일제가 중일전쟁을 일으키는 1937년 전까지 한국 사회의 여러 부분에서 큰 기여를 하게 되었다.

한국 기독교의 민족운동은 근대화의 비전과 실력양성론에 기초한 독립운동 그리고 해방 후에도 여러 사회운동과 계몽운동에 앞장서서 그 정신을 현재까지 이어오고 있다.

한국 기독교의 사회적 관심은
어떻게 표출되었나

1. 한국 기독교 사회운동과 농촌운동

20세기 초, 인류의 역사에 도전하는 사건이 있었다. 러시아에서 공산주의 혁명이 일어나 공산주의 전체주의 체제가 인류사에 문을 열었던 것이다. 경제 행위에 있어서 만인평등을 주장한 공산 혁명은 식민주의에 신음하던 민족들에게 희망처럼 보였다. 많은 식민지 국가의 젊은이들이 공산주의에 매료되었다.

제국주의에 의해 식민지가 된 민족들은 자본주의의 시장 확대를 식민주의의 가장 큰 이유로 진단한 공산주의의 해석을 받아들였고 민족해방 운동의 이념적 근거로 사회주의는 식민주의 거의 모든 지역에서 환영받았다.

한국은 일본 제국주의 침략으로 식민지가 되었고 실지로

일본의 수탈은 시간이 갈수록 강화되었기 때문에 사회주의적 민족해방운동은 식민지 해방운동의 중요한 방법으로 환영받았다. 게다가 두만강 건너 러시아에서 혁명의 성공은 국외에서 독립운동을 하던 이들에게 훌륭한 도피처를 제공하였을 뿐 아니라 지정학적 요소로 인해 공산주의 사상은 빠르게 한국으로 흡수되었다. 사회주의 외에도 진화론과 같은 현대사조들이 물밀듯이 한국으로 흘러들어왔다.

사회주의 사상의 도입으로 사회문제에 대한 지식인들의 관심이 급격하게 확대되었다. 농촌의 빈곤, 일본의 공창제도와 아편전매 등 반인륜적 정책은 한국 사회의 가장 시급한 관심이었다.

1919년 3·1운동으로도 한국은 독립을 이루지 못하였다. 민족의 독립은 멀어 보였고 장·단기적 민족운동이 필요한 시점이었다. 국외의 무장투쟁과는 달리 국내에서는 무장투쟁의 가능성이 줄어들고 있었다. 실력양성이라는 새로운 담론이 나타났다. 언젠가 독립은 올 것이며 독립을 대비하며 독립을 앞당기는 것은 한국의 실력 양성이라는 주장이 설득력을 얻었다.

한국 기독교는 실력 양성이라는 전략을 사회운동과 농촌

운동에 집중하기로 하였다. 당시에 농
촌 인구가 전체의 90%를 상회하고 있
었고 일제의 식민지가 된 농촌은 빈곤
에 허덕이고 있었다. 게다가 한국교
회의 대부분이 농촌에 있었다.

　농촌운동은 한국장로교회에서 주
도적 역할을 하였다. 1930년대 초, 조
선예수교장로회에서는 농촌부를 설
                                        배민수 목사

립하였다. 그 주도적 인물은 배민수 목사였고, 유재기, 박학전
목사 등이 배민수와 동역하였다. 이들은 평양숭실학교 농학
과의 이훈구 교수와 함께 농촌개발 프로그램을 만들었다. 배
민수는 미국의 사회복음의 영향을 받았으며 각 노회 단위로
농촌부를 구성하여 농사강습, 신앙운동 등 예수촌 운동을 확
산시켜 나갔다.

　사회운동은 감리교회와 YMCA와 YWCA를 중심으로 일어
났다. 감리교회는 사회신경을 발표하여 사회문제에 대한 각
별한 관심을 보여 주었다. YMCA에서는 농업전문 선교사를
파송하여 한국의 농업기술 발전. 특용작물의 재배 등 농촌의

활성화를 위한 활동을 활발하게 벌였다. 한국교회의 이러한 농촌운동의 전통은 1980년대 도시 인구가 농촌 인구를 압도하게 되면서 서서히 약해지기는 하였으나 한국교회가 사회적 관심을 실천한 유산으로서 한국 근대사에 남아 있다.

2. 기독교와 사회주의

3·1운동 직후 사회주의 사상이 한국 사회에 도입되었을 때 일부 기독교인들은 예수 그리스도의 부자와 가난한 자에 대한 설교와 사회주의의 빈부격차 해결을 위한 이상 간에 공통적 목표가 있다고 믿었다. 그 결과 일군의 기독교 사회주의를 주장하는 이들이 나타났다. YMCA에서 간행한 「청년」 지에 기고한 이대위, 김창준 등이 그들이었다.

이들의 글은 기독교가 추구하는 윤리와 사회주의가 추구하는 빈부 해소의 주장이 동일하다고 본 것이었다. 이들은 자본주의가 필연적으로 가져오는 빈부격차는 복음서의 정신에 위배되는 것으로 마르크스의 사상과 복음서의 사상은 자본주의 비판에 공통적 특징을 가진다고 보았다. 일본의 대표적인 기독교 사회주의자인 가가와 토요히코가 한국을 방문하여 강연을 하고 그의 사상이 한국의 대표적 기독교 신문인 「기독신보」에 소개된 것도 이 무렵이었다.

3·1운동 이후 기독교의 사회주의에 대한 연대 의식은 그렇게 진행되었다. 초기 기독교 지도자였던 이동휘와 같은 인물을 비롯하여 후에 사회주의자로 활동한 기독교인들도 상당히 많이 나타났다. 그러나 1925년 국내에 공산주의 조직이 정비되면서 공산주의 운동은 기독교를 동지로 여기지 않는다는 것을 뚜렷하게 나타내기 시작했다.

1925년 조선주일학교대회가 서울에서 열릴 때 바로 맞은 편에서는 한양청년동맹이라는 공산주의 청년단체의 집회가 개최되었다. 주일학교대회가 사전에 승인을 받았던 것과는 달리 청년동맹의 집회는 불법집회로 일경에 의해 해산을 당하게 된다. 같은 날 비슷한 장소에서 열린 대회 중 하나는 개최되고 하나는 해산됨으로써 청년동맹은 기독교가 일제와 야합하고 있다는 선전을 감행하였고 이후 기독교에 대한 적대적 태도를 공고히 하게 된다.

기독교인 중에서 공산주의의 표적이 된 것은 김익두 목사였다. 3·1운동 이후 혜성처럼 나타나 신유 이적의 부흥사로 널리 알려진 그였다. 공산주의는 김익두를 집요하게 공격하였는데 거기에는 이유가 있었다. 유물론 철학에 기반한 공산주의는 영적 능력도 하나님의 치유하는 능력도 인정하지 않았고 인정할 수도 없었다. 그들에게 기적은 일어나서는 안 되는 일이었다.

김익두 목사를 공격하는 공산주의의 집요함은 그가 활발하게 활동하던 1920년대뿐 아니라 해방 후 그가 월남하지 않고 북한에 남아 있을 때도 계속되었고 기독교 동맹에 강제로 가입하게 하여 선전의 도구로 사용하게 될 때까지 이어졌다.

기독교 사회운동은 결국 공산주의 사회운동과 이론적으로도, 실천적인 측면에서도 결별하게 된다. 기독교는 기독교 사회운동은 반드시 복음에 근거하여야 한다는 것을 선언하였고 온건한 비폭력 사회운동을 수행하게 된다. 반면 공산주의 사회운동은 소작쟁의 파업 등 정치적이고 급진적인 사회운동을 표방하게 된다.

한국 공산주의 운동은 1930년대 간도에서 기독교 전도자들을 박해함으로써 기독교에 대한 적대감을 더욱 드러내었다.

특히 침례교 목사들과 장로교 목사들의 피해가 컸다. 침례교회의 윤학영, 김이주, 박문기, 이창희, 김영국, 김영진 목사 등이 조선공산주의자들로 인해 순교하였다. 한경희 목사는 남만 지역 장로교 구역을 목회하던 이로서 엄동설한의 간도 오소리강에서 역시 조선공산주의자들에 인해 순교하였다. 이러한 공산주의의 기독교 박해는 한국전쟁을 치르면서 절정에 달하였고 그 결과 한국의 개신교는 반공의 교회로 서게 된다.

한국공산주의 운동사에서뿐 아니라 극동지역 공산주의 운동사에 나타나는 큰 아쉬움은 유럽의 사회주의자들이 이미 1895년 전체주의로서 공산주의의 실패를 예견하고 사회민주주의라는 민주적 질서 안에서 사회주의의 구현으로 나아갔던 것과 같은 전환점이 없었다는 사실이다. 결국 동아시아 정치질서는 일제의 파시즘의 유산과 공산주의의 전체주의 유산이라는 두 극단적 정치유산을 강하게 물려받음으로써 뒤처지게 되었다.

3. 한국 기독교 사회운동의 유산

한국의 기독교 농촌운동과 사회운동은 한국의 근대화 과정 속에서 소중한 역할을 하여 역사적 유산을 많이 남겼다. 1930년대 장로교회 농촌부를 이끌었던 배민수의 농촌운동은 1936년 농우회 사건이 일어나면서 완전히 소멸되고 말았다. 배민수 목사는 때 마침 미국에 있었기 때문에 검거의 손길을 피할 수 있었으나 그의 동역자였던 유재기와 박학전은 일경에 체포되어 모진 고문을 받았다. 박학전 목사는 후유증으로 사망하고 말았다.

해방 후 귀국한 배민수 목사는 이승만 대통령의 요청으로 신국가 건설운동의 일환으로 농촌운동을 재건하게 된다. 그는 하나님 사랑, 일 사랑, 농민 사랑의 삼애정신을 기초로 삼애농업기술학교를 설립하고 농업역군을 양성하기 위한 노력을 멈추지 않았다. 그러나 그는 1960년대에 소천하여 그 뜻을 이루지 못하였다.

그 후에 다시 나타난 농업운동이 전후 대한성공회를 재건하기 위해 내한한 대천덕 신부가 설립한 '예수원'이다. 예수원은 강원도 태백에 설립된 자급자립 수도원공동체로서 헨리 조지 사상에 기초한 토지 정의 운동과 영성에 기초한 기독교 사회 운동을 펼쳐 한국에 토지 공개념을 확립하고 기독교 사회 정의 운동을 진일보하게 만들었다.

비슷한 시기에 출현한 것이 김용기 장로의 가나안 농군학교이다. 가나안 농군학교는 철저한 자립정신을 목표로 농업교육과 신앙훈련을 지향하는 기독교 농촌운동의 현대적 형태로 나타났다. 가나안 농군학교는 한국 내에 수만 명의 수료생을 배출하여 농촌지도자 양성과 농촌자립 정신의 기초를 세우는데 기여하였다. 후에는 농촌지도자들뿐 아니라 교회지도자들 그리고 기업의 개척정신 훈련 등으로 한국 사회의 기독교적 리더십 확산에 기여하였다.

다음에 출현한 것이 김진홍 목사의 두레마을 공동체이다. 기독교 학생운동 출신의 김진홍 목사는 청계천 일대에서 빈민운동을 하다가 청계천 철거민들과 함께 경기도 화성 남양만으로 이주하여 두레공동체를 설립하고 자급적 기독교 농업공동체를 설립하여 농민운동에 또 하나의 이정표를 세웠다.

한국의 기독교 사회운동과 농촌운동은 주로 인구가 농촌

에 밀집되었던 시기에는 농촌운동으로 발전하였고 1980년대 이후에는 제3세계의 농업 개발을 후원하는 국제적 운동으로 전환하고 있다.

한국의 기독교 사회운동은 교회의 중심 신학이었던 속죄의 신학 또는 대속의 신학에 하나님 나라의 신학을 강조하여 역사 변혁의 전망을 한국교회 안에 심어 놓는 중요한 계기를 마련하였다. 배민수 목사의 자서전『누가 그 나라에 들어갈 것인가?』와 그가 주장했던 '예수촌' 운동은 이러한 하나님 나라 신학의 지평을 확대하는 공헌을 하였다.

이러한 기독교 사회운동은 현대에 와서도 YMCA와 같은 기독교청년운동으로 계승되었을 뿐 아니라 '도시산업선교회'와 같은 진보적 사회운동에서 '성경적 토지정의를 위한 모임'과 같은 복음주의적 기독교 사회운동으로 계승되고 있다. 이러한 기독교 사회운동은 그 영향력이 점차 확대될 전망이다. 농촌인구가 다수였을 때에는 농촌운동이 주를 이루었지만 이제 한국 사회 인구의 대부분이 도시에 거주하는 만큼 산업화 이후의 기독교 사회운동은 새로운 신학과 방법으로 그 영향력을 확장하고 있다.

8

한국교회의 종파운동은
어떻게 시작되었나

1. 한국교회 종파운동의 성격 형성

종파운동은 제도화된 종교에 대한 반발, 영적 깊이의 추구, 종교 내부의 분열 등이 원인이 되어 발생한다. 한국교회에는 이미 1910년대에 '자유교'라는 이름으로 분파주의가 나타났다. 그 이유는 선교사들이 전해준 기독교가 아닌 주체적인 기독교의 창립이라는 명분이 전면에 있었다.

한국교회에 종파운동이 본격적으로 나타나기 시작한 것은 1930년대이다. 1930년대는 사실 선교사들이 선교 현장에서 물러나기 시작하였고 한국교회는 독자적인 치리구조와 교권을 확립하여 갔다.

이때 한국교회에 종파운동이 나타나기 시작한 것이다. 종파운동의 명분은 대체로 세 가지로 정리될 수 있다. 첫째는 문화민족주의에 기반하는 것이었다. 일제의 식민지로서 정치경제적 식민 상태에서 종교의 영역에서는 외국의 영향력을 벗어나자는 것이 그 명분이었다. 그런 경향을 '반선교사 경향'이라 이름붙일 수 있다.

두 번째는 신학적 급진성에서 기원한 종파운동이다. 선교사들은 복음주의자들이었고 성서의 권위에 대한 굳건한 신념을 갖고 있었다. 1930년대가 되면서 근본주의가 한국장로교회에 유입되어 신학적 권위주의가 한국교회를 장악하였다. 이에 대한 반발로 나타난 것이 신학적 종파운동이다. 근본주의에 대한 반발은 자유주의와 신비적 경험의 강조로 나타났다. 자유주의는 근본주의에 대해서 학문적 우월성과 기독교에 대한 합리적 이해라는 명분을 제공하였다.

반면 신비주의자들은 선교사들이 성경의 문자에 얽매여 영적 경험의 생생함을 전해주지 못한다고 주장하였다. 그들은 문자를 넘어서는 생생한 영적 경험이 가능하다고 주장하였고 이를 통해 선교사들이 전해준 기독교를 넘어설 수 있다고 주장하였다.

세 번째는 1930년대가 되면서 서북의 장로교회의 교세가 급증하면서 한국교회는 장로교 중심으로 재편되기 시작하였다. 초기에는 감리교의 교세가 약 20여년 정도 우세하였으나 1907년 대부흥운동기를 지나면서 장로교회의 교세가 감리교를 넘어섰고 1930년대가 되면 황해도와 평안도를 중심으로 장로교의 교세가 집중되면서 평양은 교권의 중심이 되었다.

평양의 교권에 대해 도전하는 세력이 자연스럽게 나타났는데 그것은 서울을 중심으로 하는 감리교와 서북에 비해 자유주의적 경향을 띠는 운동으로 나타났다. 이렇게 1930년대 한국교회의 구조적 결속이 강해지면서 그것에 반발하는 형식으로 다양한 종파운동들이 나타나기 시작하였다.

2. 토착적 기독교 종파 형성

1910년 아직 장로교 총회도 생기기 전에 전라대리회에서 최중진 목사의 주도로 자유교가 나타났다. 반선교사의 기치를 걸고 주체적 기독교를 강조하는 토착교회의 형성을 주장하였다. 뒤이어 김장호 목사도 자유교회라는 이름으로 새로운 분파를 만들었다. 김장호 목사는 최중진 목사보다 한 걸음 더 나아가 반선교사의 민족주체를 외쳤을 뿐 아니라 자유주의적 신학해석으로 신앙의 학문성을 강조하며 선교사들보다 우위에 있는 지성적 기독교를 내세웠다. 그러나 그는 후에 일본 총독부가 조직적으로 세운 일본조합교회에 기울어지게 된다. 반선교사가 반드시 민족적 가치와 일치하지 않을 수 있다는 방증이었다.

한국교회 종파운동에서 반드시 거론되는 이가 김교신이다. 김교신은 1920년대 일본 유학 중 회심하고 기독교인이 되었으나 자신이 출석하던 성결교회의 분열을 목도하고 일본의 대표적 무교회주의자 우치무라 간조의 문하에서 무교회주의

무교회주의자 김교신

를 학습하였다. 한국으로 귀국한 후 양정고의 교사로 재직하면서 무교회운동을 본격적으로 펼친다.

그는 「성서조선」이라는 잡지를 발간하여 성서 보급과 함께 '기독교는 성서의 종교'라는 가장 원칙적인 가르침을 전하는 데 주력하였다. 김교신의 무교회주의 운동은 대개 다

른 종파운동들이 무엇인가에 반대하는데서 명분을 찾은 것과는 달리 기독교의 가장 중요한 가치가 무엇인가를 추구하는 구도적 작업을 펼침으로써 종파운동으로서는 보기 드물게 존경을 받았다.

복음교회를 설립한 최태용도 일본에서 유학하면서 우치무라 간조 문하에서 무교회주의를 학습하고 귀국하여 독자적인 무교회주의를 유포하였다. 백남용의 벗이 된 그는 남한지역에 광범하게 무교회운동을 전파하여 기존 교회에도 상당한 영향을 미쳤다. 그러던 중 사상의 전환이 일어난 최태용은 『천래지성』, 『영과 진리』 등을 출판하여 사상의 문자주의를 극복하고 영적 생명력과 깊이를 강조하는 기독교를 주장하였다.

최태용은 1935년 무교회주의 운동을 접고 새로운 교회를 창립한다. 그가 창립한 교회는 복음교회로서 한국교회 종파운동의 대부분의 명분이 거기에 다 들어 있었다. 그는 먼저 조선인의 주체적 교회를 강조하며 선교사들의 영향력에서 벗어 날 것을 강

최태용 목사

조하였다. 그리고 그는 생명적 신앙을 강조하였는데 이것은 주류 교회가 강조하는 성서의 문자적 권위를 대체하려는 시도였다. 문자가 아닌 영이 기독교의 참된 본질로서 강조되어야 한다고 보았다. 셋째는 기독교의 학문성을 강조하였다. 최태용은 복음교회 설립과 함께 신학원을 세우고 히브리어와 희랍어를 강의하여 평신도들도 원어로 성서를 읽어야 한다고 강조하였다. 최태용의 복음교회 운동은 한국교회 종파운동의 모든 명분을 다 갖추고 있었다.

서북의 장로교 교권에 도전하는 형식으로 출현한 것 중에 적극신앙단이라는 단체가 있었다. 적극신앙단은 감리교인 신흥우가 주도한 것으로 감리교인들과 서울 지역의 장로교 목사

들이 연대하여 구축한 기독교 단체였다. 적극신앙단의 인적 구성은 선명하게 지역적 구도를 보여주었다. 서울 중심의 장로교· 감리교 목사들이 연대를 구축하여 자연스레 서북의 교권에 대항하는 모양새를 갖추었다.

신흥우

적극신앙단은 발족과 함께 신앙선

언문을 발표하였다. 그 내용은 흡사 감리교회의 사회신경의 연장선에 선 것처럼 신학적 상통이 존재하고 있었다. 적극신앙단의 관심은 자연과 역사와 그리스도를 통한 복합적 계시였다. 그랬기 때문에 적극신앙단의 관심은 하나님과 함께 사회적 악을 척결하고 악과 투쟁하는 것이라고 천명하게 된다. 적극신앙단은 이미 한국교회 안에 내재된 분열과 균열이 현상화된 것이었다. 후에 한국교회는 이 구도에 따라 분열하고 대립하고 노선을 구축하여 경쟁하게 된다.

1932년부터 성결교회의 불모지였던 한수 이북 지역에 성결교회의 약진이 일어나게 된다. 평안도와 함경도 등지에 규모 있는 성결교회들이 세워지게 된다. 정남수 목사의 성결 부흥운동이 한수 이북지역에서 주효하면서 성결교회의 교세가 확장되었다. 그런데 신생 한수 이북의 성결교회 목회자들이 선교사들과 기존의 서울지역의 성결교회 지도부에 반기를 들면서 1936년 총회에서 승리하게 된다. 당시까지 선교부의 휘하에 있던 한국성결교회는 1936년 총회를 기점으로 동양선교회선교부에서 독립을 선언하였고 선교부는 1936년 총회무효를 선언하고 만다. 이에 이북 지역의 교회들이 성결교회를 탈퇴하면서 설립한 교회가 하나님의 교회이다.

한국교회의 분열은 해방 후에 고려파, 기장, 합동과 통합의 장로교회 분열과 감리교회와 성결교회의 분열을 기억하기 마련이다. 그러나 역사적으로는 이미 1930년대 종파운동에서 균열이 가시화되었고, 1950년대 이후의 분열은 그 균열의 연장이었다고 보아야 할 것이다. 이와 같은 종파에 따른 지역과 인적 구조는 아직도 한국교회에 남아 있는 계보로서 유효하게 여겨질 정도로 영향력을 미쳤다.

3. 경건의 기현상

이용도 목사는 감리교회가 1920년대에 배출한 신비가요 영성가이며 설교자였다. 그는 3·1운동으로 옥고를 치른 후 뜻한 바가 있어 감리교 협성신학교에 입학하여 전도자의 길에 들어선다. 신학교를 졸업하고 강원도 통천에서 목회를 시작한 그는 목회지에서 악귀를 축출하는 신비 체험을 하게 된다. 그리고 지병인 폐병으로 요양하기 위해 머물렀던 친구 이환신의 고향인 강동에서 두 번째의 신비체험을 하게 된다.

그는 인도의 신비가 선다 싱의 영향을 많이 받은 것으로 보이는데 선다 싱이 주장한 '그리스도와 연합'이라는 개념에서 그런 경향을 엿볼 수 있다. 1927년부터 1930년까지가 이용도 부흥운동의 전성기였다. 이용도는 특히 황해도와 평안도 지역으로 많은 부흥회를 인도하러 다녔고 이 점은 그가 장로교회의 교권 지역에 어떤 메시지를 던졌다고 보인다. 그의 신비적 경건은 장로교회의 문자적 권위를 넘어서려는 종파운동의 도전이라는 의미를 가진다. 그런 것이 감지되어서였을까. 이용도는 바로 이 황해도와 평안도 장로교회들로부터 공격받고 배척을 받아 그의 활동에 종지부를 찍게 되었다.

서북에서 활동이 중지된 이용도는 곧바로 원산의 신비주의자들과 소통하게 된다. 1932년 말년의 이용도는 자신을 추종하는 전영택, 이환신 등 감리교회 목사들과 함께 원산 신비주의 그룹인 백남주, 한준명 등과 합하여 예수교회를 창설하게 된다. 백남주와 한준명은 이마누엘 스웨덴보리의 반삼위일체론을 수용하였을 뿐 아니라 피가름의 교리라는 현재까지 한국 기독교에 문제가 되고 있는 이교적 경건을 창립한 이들이었다. 비록 이용도 자신이 신학적 문제가 없었다고 할지라도 그가 예수교회에 합류하였고 초대 감목으로 활동함으로서 한국 기독교의 이질화에 그의 역할을 배제하기는 어려울 것이다.

신비적 경건 추구라는 것은 종교적 요구의 한 측면으로서 어떤 종교나 교회에도 상존하는 것이다. 그러나 규범도 전통도 사라진 신비적 경험의 위험성은 1930년대 한국교회에 아프게 나타난다.

황국주라는 인물은 더 황망한 주장을 한 인물이었다. 머리를 길게 기르고 수염을 기른 후 그는 난데없이 자신의 머리는 사라지고 예수의 머리로 대체되었다고 주장하였다. 남녀가 얽혀 60여 명이 무리지어 순례하면서 그들 무리 가운데서 완전한 종교체험이 일어났다고 주장하였다. 그러나 그들이 경험한 황홀의 경험은 영체교환 또는 '피가름'이라고 불린 사실상 성적 방종의 한 유형이었던 것이다.

1930년대에 나타난 이러한 경건의 이상과 변질은 교회에 의해 명확하게 단죄되고 그 정체가 폭로되었다. 그러나 질문을 바꾸어 왜 이러한 현상이 일어났는가를 묻는다면 그 대답은 매우 곤혹스런 것이지만 몇 가지 가능한 답이 있을 것이다. 너무도 부족했던 성서 지식, 극도로 궁핍했던 식민지 한국의 고통 그리고 무언가 출구를 찾으려 했던 집단적 열망을 상상할 수 있을 것이다. 그렇다 하더라도 그 어려움을 극복하는 것이 종교가 가르쳤어야 할 교훈이 아니었을까. 당시의 대중들과 교회 사이의 괴리를 얼핏 읽을 수 있다.

그 과제는 오늘의 한국 기독교에도 유효하다. 우선 그 변질된 경건은 여러 면에서 1930년대와 비교할 수 없는 고도성장을 이룩한 한국 사회에서 소멸된 것이 아니라 대규모로 커졌고 종류도 분화하여 다양해졌다. 이러한 현상은 우리가 한국 사회와 한국인의 정신세계의 어두운 그림자를 아직도 충분히 이해하고 있지 못하다는 반증이 될 수도 있다. 이러한 경건의 변질은 어쩌면 한국교회에 던지는 여전히 힘겨운 과제이며 반드시 올바르게 대답되어야 할 질문인 셈이다.

신사참배에 대해
한국 기독교는
어떻게 저항했는가

1. 일제말기 한국교회의 신사참배 투쟁

1970년대 초 안이숙은 『죽으면 죽으리라』라는 책을 발표
하였다. 안이숙은 일제말기 한국의 기독교인들이 일본의 신
사참배 강요에 저항하여 투옥되고 고문으로 순절할 때 함께
투옥되었던 평신도였다. 그녀의 책에는 그때까지 잘 알려지
지 않았던 신사참배 거부자들이 옥중에서 겪었던 고통과 영웅
적인 사람의 모습이 생생하게 그려져 있다.

신사는 일본의 고유한 종교인 신도의 산물이다. 흔히 일본
에는 팔백만의 신이 있다고 알려져 있다. 일본을 여행해보면
곧 알게 되는 것이 일본의 신도이다. 도시와 농촌을 가리지 않
고 곳곳에 일본의 신사가 흩어져 있어 쉽게 만날 수 있다. 현대
에는 일본의 전통관습이나 관광의 대상이지만이 신사 문제로

인해 불과 60여 년 전 식민지 한국에
서는 생명을 건 투쟁이 일어났었다.

안이숙의
『죽으면 죽으리라』

한국에 신사가 들어 온 것은 조선
시대 임진왜란이 끝나고 조선과 일
본의 수교가 정상화되면서 왜관이
설치되고 왜관에 일본인들이 거류하
면서부터였다. 그 후 조선시대 말
1876년 조선은 쇄국정책을 포기하고
일본과 수호통상을 체결하면서 인천,
부산, 원산을 개항하였고 일본인들의 거류지가 다시 생겨나면서
여기에 신사가 설치되었다.

1905년 을사늑약과 1910년 한일합방으로 한국은 일본의
식민지로 전락하고 만다. 일본은 한국을 문화적으로 완전히 종
속시키기 위해 신사를 전국에 공식적으로 설립하였는데 1912
년 신사에 관환 법률이 통과되면서 신사들이 대대적으로 건립
되었다. 1925년 서울 남산에 신궁이 건립되고 서울역에서 신
궁까지 오르는 계단이 만들어지게 된다. 1938년부터는 전국
의 신사를 국가 기관으로 승격하였다. 신사에 대한 예전이나

제사를 조선총독부가 관할하게 된 것이다.

신사참배는 식민 초기에는 강제되지 않았다. 1931년 만주사변과 1937년 중일전쟁을 일으킨 일본은 한반도를 아시아 침략의 교두보로서 군수기지로 삼아 일본과 물리적, 정신적 동조화를 강행하였다. 정신적 동조화의 기제로 사용된 것이 바로 외견상으로는 천황제였고 그 천황제를 지탱하는 제의적 장치가 신사제도였다.

1935년부터 일제는 학교에 신사참배를 하도록 강요하였다. 단연 기독교계 학교들의 저항이 강하게 나타났다. 장로교 계통의 기독교 학교들은 신사참배를 하지 않기 위해서 대부분 자진 폐교하였다. 1938년부터는 교회에 대한 압박이 시작되었다. 장로교회가 가장 큰 교단이었기 때문에 가장 큰 압박이 있었다. 1938년에 열린 각 노회들에 일본 경찰이 배석하였고 강압적 분위기 속에서 교회가 공식적으로 신사참배를 하기로 의결하였다. 선교사들과 신학생들 그리고 일부 한국인 목사들의 반대가 있었으나 단 한곳에서도 신사참배를 거부한 곳은 없었다. 1938년의 장로교회 총회는 총회 차원에서 신사참배를 가결하였다.

이후에 일어난 한국 기독교인들 의 저항은 개인적인 저항이었다. 많 이 알려진 장로교회의 주기철 목사, 손양원 목사, 최봉석 목사, 이기풍 목 사, 박관준 장로, 감리교회의 이영한 목사, 안식교회의 최태현 목사, 침례 교회의 전치규 목사, 성결교회 박봉 진 목사와 손갑종 전도사 등이 신사 참배 거부로 투옥되고 옥중에서 순교하였다.

소양 주기철 목사

신사참배 거부로 투옥된 이들은 이천 명을 넘었다. 그중 가 혹한 고문으로 순교한 사람들이 오십 명을 넘는다. 1939년부 터 1945년 해방될 때까지 한국에서 일제에 저항한 거의 유일 한 사람들이 신사참배 반대자들이었다. 유일신 신앙의 숭고 한 정신과 비폭력의 태도로 일관한 이들의 모습은 어떤 압제 에도 굴하지 않는 기독교인의 신앙과 윤리를 아름답게 보여주 었다.

2. 신사와 일본인의 신 관념

일본인들의 신 관념은 같은 동아시아임에도 불구하고 한국과 확연하게 차이를 보인다. 가령 한국어 성서는 신의 이름을 하느님/하나님으로 적음으로써 성서의 신학적 내용을 전달하는데 하등의 어려움을 느끼지 않는다. 반면 일본어 성서에는 신명을 일본어 '가미'로 적고 존칭어미를 붙여 '가미사마'라는 말을 사용한다. 그러나 다신교적 문화를 가진 일본에서는 성서의 하느님을 유일신으로 인식하기 어렵다.

원래 일본인의 신 관념을 대표하는 가미라는 용어는 절대적 초월자라는 성서적 개념과는 거리가 멀다. 가미는 물활론적 개념으로서 자연신학의 요소를 갖고 있다. 가미는 원래부터 존재하던 것일 수도 있으나 다른 신으로부터 파생되기도 하고 아름다운 사물이나 동식물들을 신사에 모셔 신으로 만들기도 하였다. 신격화된 사람들도 많다.

이렇게 다양한 신들이 있었기 때문에 일본에서는 종교 혼합이 쉽게 발생하였다. 동아시아로 전파된 불교나 유교가 일본에 들어가서 상당히 빠른 속도로 신도와 융합하는 것을 볼 수 있다. 16세기에 일본에 들어온 로마 가톨릭교 역시 일본의 신도와 혼합되었다. 서구 로마교회의 마리아 상은 일본 불교의 관세음보살 상이 대체하는 일이 잦았다. 그 이유가 막부의 가톨릭 박해 때문이었다고는 하지만 그 양상은 한국과는 달랐다.

근대 일본을 성립시킨 것은 명치유신을 통한 왕정복고였다. 270년 가까이 일본을 지배하던 막부체제는 근대화 세력인 명치유신 세력에 밀려 몰락하고 명치정부는 일본 천황의 친정체제를 선포하고 국가체제를 새로이 수립한다. 일본은 원래 나가사키 개항지를 중심으로 16세기 이후부터 네덜란드와 오랜 교역을 통해 서구와 교역을 하고 있었다. 그러나 명치유신 이후에는 국가 체제를 전환하여 서구적 국가가 되기 위한 노력을 실시하였다.

서구 문물이 수입되고 서적들을 번역하기 위한 번역청이 설립되고 정치, 군사, 법률 제도가 서구화되었다. 서구화를 주도한 명치세력의 중심인물인 이토 히로부미는 모든 제도가 서구화될 수 있지만 서구의 기독교를 일본에 단기간에 정착시키기 어렵다고 판단하고 서구적 제도와 일본적 정신이라는 동도서기(東道西器)론을 확립하고 실천하였다.

그래서 일본 정신의 중추로 세워진 것이 국가신도였다. 원래 천황 가계는 일본의 신화에 나타난 천조대신 아마테라스 여신의 후손이라는 전설이 내려오고 있었다. 명치정부는 다른 종파 신도들과는 달리 법적으로 종교가 아닌 종교를 넘어선 국가와 천황에 일치된 권위를 부여하였다. 천황은 인간이 된 신이라는 초월적 지위와 천황이 곧 국가라는 이중적 법적 지위를 부여하여 일본제국에서 절대적 지위를 갖게 하였다. 그러나 천황 개인에게 정치적으로 실질적 권한은 주지 않았다.

20세기 근대 국가에서 상징적 통치자에게 신적 지위와 국가와 동일시된 헌법적 권한을 부여한 예는 거의 없었다. 이러한 천황 숭배의 제의는 식민지 한국에 강요되었고 일본이 침략국가로 진화할수록 더 강하게 아시아를 압박하는 수단으로 작용하였다. 신사참배는 한국에서만 강요된 것이 아니었다. 일본이 만주국을 설립한 후에는 만주국에도 신궁을 건립하였고 태평양전쟁으로 일본이 남양군도를 점령한 후에는 그곳에도 신사들을 건립하였다.

일본의 이러한 신사참배 강요에 대해서 유교, 불교, 천주교 등은 아무런 신학적 논의를 진행하지도 못하였고, 어떤 형태의 신앙고백도 나오지 않았다. 일본과 한국에서 일어난 신사참배 반대운동을 통해 천황제도에 대한 신학적 평가를 진행한 것은 견고한 경건의 전통을 지닌 개신교인들과 종파들이었다. 경건의 모양보다 경건의 능력의 중요성을 강조한 바울의 경구는 현대사회에도 유효하다는 것을 보여 주었다.

3. 현대 한국 사회에 던지는 메시지

천황제를 정점으로 진행된 일본 군국주의는 태평양전쟁의 종결과 함께 사라진 것처럼 보였으나 군국주의의 유산은 동아시아 사회에 여러 형태로 문제를 안겼다. 먼저 일본의 전후 문제 처리에 있어서 미국은 독일과 다른 태도를 보였다. 독일은 나치를 극복하기 위해서 어떤 형태의 전체주의도 전후 독일에 들어설 수 없게 하였다. 그러나 일본의 전범들의 다수가 일본 재건이라는 이름으로 풀려났다. 전쟁에 책임이 있었던 일본의 재벌들도 해체되지 않고 전후 일본의 주도적 세력으로 재건되었다. 미국은 구소련의 태평양 진출을 막는 교두보로서 일본을 활용하려 하였기 때문에 역사적 반성이 전혀 없는 일본 체제의 재건을 허용하였다.

그 결과가 최근에 일본 사회에 일어나고 있는 일상화된 우경화의 현상들이다. 일본은 다시 아시아 침략을 '진출'로 미화하고 침략 전쟁은 식민지 근대화를 위한 자본과 기술 이전의 시기로 둔갑시켰다. 한국과 중국 여성을 종군위안부로 끌어가고 강제징집, 징용이라는 이름으로 노동자들을 착취하기 시작한 것에서 시작한 재일교포의 문제 등 과거사 전반이 왜곡되고 있는 실정이다. 당연히 종전과 함께 폐지되었어야 할 천황제가 건재하고 있는 것이 일본 군국주의 유산이 되살아나는 주된 이유라고 해도 무리는 없을 것이다.

식민지를 경험했던 한국은 식민지로부터 완전하게 독립하지 못하고 분단민족으로 남아 고통 받고 있다. 가해자인 일본이 경제적 번영을 누리는 동안 한국은 공산주의와 자본주의 국가로 나뉘어 완전한 민족국가의 수립을 아직도 이루지 못하고 있다.

북한 체제 안에도 일본 식민지의 정치적 유산이 남아 있다. 북한에서 김일성 탄신일을 태양절이라고 부르는 것은 일제식민주의자들이 사용하였던 태양신화의 영향력 때문임을 감지

할 수 있다. 북한의 전체주의 체제는 신화적 요소를 기반으로 구축하였고 북한의 정치는 제의와 같은 형식을 갖고 운영된다. 극장국가로서 북한의 속성은 일제 천황제의 전체주의 체제의 제의로부터 많은 영향을 받고 있다.

한국의 경우도 일제의 천황제에 대한 대항 논리로 단군설화와 단군신전을 구축하였다. 해방 후 제1공화국이 성립된 후 이승만 정권은 안호상을 등용하여 일민주의를 통치이념으로 수립하였다. 그러나 일민주의는 안호상이 독일의 파시즘을 연구하고 그것을 본떠 만든 이념으로서 절대주의 국가체제를 지향하는 정치이념이었다.

식민주의의 잔재는 장기간의 식민체제 속에 노출됨으로써 무의식적으로 의례화된 과정을 통해 학습되었다. 원래 유교 국가였던 조선은 자주적 근대화에 좌절하고 일본의 식민지가 되었다. 열혈 애국 독립운동이 있었던 것은 사실이지만 국민의 대다수는 일제의 체제 속에 종속된 채로 한 세대를 고스란히 지냈다. 물론 민중 대다수에게 민족주의적 정서가 있었던 것은 사실이었다. 그러나 그것은 국외 독립운동 세력들과 같은 저항과 투쟁의 논리가 아니라 문화적 민족주의 형태를 띠었고 약화된 저항과 투쟁 환경에 대한 대안으로 경쟁의 이론이 등장하였다. 소위 실력양성이란 것이 그것인데 여기에는 일제와 비교하여 열등감을 극복하려는 기제가 작동함으로써 일제의 모방작용이 동시에 작용하게 되었다.

한국의 식민지 시대는 불가피하게 일제에 대한 모방이 깊이 학습되는 시기이었던 셈이다. 그런 징후 중에 하나가 식민지 근대화론의 등장이다. 일제의 통치가 해방 후 한국산업화의 토대가 되었다는 주장이다. 해방 이후 한국의 외형적 독립이 지난한 과제일 뿐 아니라 정신적 독립이 얼마나 어려운 창조의 과정인가를 보여주는 예라고 할 수 있다.

기독교 안에는 완전한 타자로서 절대자의 관점에서 자신을 바라보게 하는 중요한 인지체계가 있다. 일제 식민지 말 신사참배에 대한 저항에는 그 타자에 의한 자기 인식의 기제가 있었다. 그 계시에 의한 자기 이해가 한국이 진정한 독립국가로 가는 길을 열어 줄 것이다.

한국 문화와 기독교의
상관성은 어떻게 이해되었나

1. 한국의 전통 종교

한반도에 인류가 거주하게 된 것은 구석기시대로서 약 20만 년 전으로 거슬러 올라간다. 구석기들의 출토가 한반도 강유역 대부분에서 이루어지는 것을 볼 때 한반도에 구석기 인류의 거주는 광범하게 이루어진 것으로 보인다. 구석기 유적뿐 아니라 신석기 유적도 다양하게 발견된다.

한국의 종교적 전통은 샤머니즘이 압도적으로 강하다. 다수의 학자들은 한국이 수용한 외래종교의 바탕에 샤머니즘의 정서가 작동하고 있다고 확신한다. 삼국유사에 나타난 단군신화를 통해 한국인의 원초적 종교적 심성을 추측하려는 시도가 많다.

단군신화에 따르면 하늘의 신, 환인의 아들 환웅이 세상에 내려와 곰이 변하여 여자가 된 웅녀와 혼인하여 아들을 낳으니 그가 곧 단군왕검으로 한민족의 조상이 되었다고 한다. 단군신화는 천신신화와 산신신화가 결합된 것으로 보인다. 단군신화를 해석하면 산신 통치자 시조로 여기는 한반도의 정치적 공동체의 기원에 대한 신화적 설명을 볼 수 있다. 일반적으로 유목민족의 천신사상과 고산민족의 산신 사상이 결합한 것으로 보고 있다.

그러나 단군왕검 신화 뿐 아니라 박혁거세, 김알지 신화를 보면 농경신화와 유목신화의 결합도 나타난다. 박혁거세 신화는 하늘에서 내려온 알에서 박혁거세가 출생하였다고 알려져 있다. 하늘의 말은 천신신화를 대표하고 알은 농경신화를 대표한다는 것에서 신라의 기원이 유목민과 농경민의 결합을 통해 이루어졌음을 보여준다. 한반도가 그 영토에 비해서 농경, 유목, 산악 및 해양 문화의 포트폴리오가 다양하기 때문에 복합적이며 아기자기한 다양성의 문화를 간직하여 왔다.

이 다양한 문화적 전통을 융합하여 온 것이 샤머니즘이다. 삼국시대는 샤머니즘이 번성했던 시기였다. 삼국시대 국가제의인 무천, 영고와 같은 것들은 국가 의례로서 확립된 샤머니즘 의식이었다. 이러한 국가가 관장하는 무속 제의는 불교나 유교가 한반도에 유입된 후에도 외래종교와 혼합의 과정을 거치게 된다.

현대 불교 사찰에도 남아있는 산신각은 사찰에 산신을 안치하는 것으로 한국의 불교 사찰에 많이 남아있다. 고려시대를 거쳐서 조선 초기에는 유교가 조선의 국가 이념으로 자리잡게 되면서 불교에 대한 배척이 이루어졌다. 도성 안의 불교 사찰들이 대거 물러나고 산으로 들어가게 되었다. 그러나 조선의 귀족과 대중들 사이에서는 무속이 건재하였다. 사직단은 제천의식을 행하던 곳으로 여기서 국왕이 주재하는 천신제사가 진행되었다. 19세기 대한제국이 수립된 후에 지어진 환구단 역시 제천의식과 관련이 깊다.

유교가 들어와 사대부들에게서는 무속적 의식이 약화되었지만 지방에서는 무속 신앙이 산과 바다 그리고 농촌공동체를 중심으로 살아남았다. 현대 사회에서도 한반도의 무속신앙은 그 뿌리를 유지하고 있다. 현재 무속에 종사하는 인구는 가톨릭과 개신교 성직자들의 수를 능가한다.

한반도 무속신앙은 한강을 경계로 구분된다. 한강 이북은

강신무로서 신 내림을 받아 무속인이 된다. 그러나 한강 이남의 무속인은 신을 받는 점쟁이와 굿을 진행하는 무당으로 분업이 형성되어 있다. 샤머니즘은 현대 한국 사회에서 고등종교도 아니며 주류 종교도 아니지만 대중들의 생활에는 여전히 영향을 주고 있다.

2. 불교와 유교의 시대적 역할

불교는 한반도에 첫 번째로 유입된 고도로 철학적이고 고등한 종교이다. 고대 남인도의 불교가 상좌부와 대중부로 나뉘어 대중부의 전통이 대승불교가 되어 중국을 거쳐 한반도에 전래되었다. 남방불교는 한반도에 전래된 적이 거의 없다가 최근 젊은 세대 불교학자들과 승려들에 의해서 소개되고 있다.

고구려의 불교문화는 4세기에 중국에서 도입되어 외교와 학술 교류의 수단으로 활용되었다. 고구려는 불교를 통해 중국과 교류하였을 뿐 아니라 일본에 처음 불교를 전해주어 아시아 종교 문화를 확산하는데 기여한다. 고구려의 불교가 학술연구 중심의 불교였다면 백제의 불교는 불교 예술을 꽃피워 많은 유산을 남겼다. 백제 불교는 동진에서 4세기 말에 들어와 번성하였고 이웃 일본에 불경과 불상을 전하였다. 일본 고역사서인 『일본서기』에 백제로부터 불교가 도입된 것을 기록하였다. 백제의 불교 미술은 사찰, 불상 등 미술과 건축에서 두각을 나타내어 동아시아의 고대 불교 미술의 확산에 크게 영향을 주었다. 특히 일본 불교에 백제 불교가 미친 영향은 막대하여 일본 불교 도입기의 일본 불교 지도자들의 상당수가 백제인들이었다.

신라의 불교는 중국과의 외교적 관계가 아닌, 고구려의 민간 승려들이 신라에 와서 불교를 전파하였다는데 그 차이점이 있다. 빠르면 3세기 늦게는 5세기 말에 신라에 불교가 전래된 것으로 본다. 신라 불교의 특징은 호국불교였다. 불교가 도입될 무렵까지도 신라는 삼국 중 가장 약한 국가였기 때문에 국가체제를 정비하고 백성의 단합을 위해 불교를 활용하였다. 7세기와 8세기에 걸쳐 신라의 불교는 번성하여 불교문화를 꽃피웠다. 불교는 한반도에서 법률체제를 갖춘 율령국가가 처음 출현한 삼국시대에 도입되어 번영하였고 고려시대에는 불교 국가로서 위상을 높였다.

고려시대에는 불교가 국교로서 수도인 개경뿐 아니라 도시에 대규모 사찰이 건축되었다. 선종과 교종의 체계적 발전도 이때 이루어지고 사원에 할당된 토지로 인해 사원의 규모가 방대해졌다. 고려는 국사제도를 두어 국가의 스승으로 승려를 존경하였다. 팔만대장경을 제작하여 인류 최대의 불교 출판 유산을 남긴 것도 고려였다. 고려시대에는 불교뿐 아니라 유교, 도교, 무교 등도 허용되어 번성하였는데 그 이유는 불교가 가진 관용적 태도 때문이었다.

　도교는 고려시대에 전래되어 고려 사회에 널리 유행하였다. 노장사상에서 기원한 도교는 고려인들의 풍류에 잘 맞았고 고려인들의 미의식과 신비적 정서를 표현하여 대중들 사이에 널리 퍼졌다. 조선시대를 지나면 도교도 많이 쇠퇴하지만 근대화 과정에서 기독교가 도입되었을 때 최초의 기독교인들 중에는 도교의 전통을 따르던 이들도 있었다. 한국교회가 자랑할 만한 설교자인 길선주 목사는 원래 관우를 섬기는 관성교를 섬기던 인물이었다. 도교적 영성이 기초가 되어 개신교인으로 개종한 이들이 초기 한국교회에 제법 있었던 것이다.

　유교는 고려 말 안향이라는 유학자에 의해 도입되었다. 불교가 국교인 고려시대를 지나 조선 왕조가 들어서면서 유학은 빠르게 발전하기 시작하였다. 유학의 영향으로는 고대 유교에서 기원한 종법사상으로 인해 고려시대의 균형적 남녀관계를 깨고 남존여비로 표현되는 성의 신분화를 초래한 것이었다. 그러나 유교는 과거제도를 통해 인재를 양성하였고 법률제도를 정비하여 조선이라는 새로운 문명을 창출하였다.

3. 기독교 전래의 문화적 상황과 의미

천주교는 18세기에, 개신교는 19세기에 한국에 전래되었다. 개신교가 전래될 때 불교는 조선의 유교 통치 600년간의 억불정책으로 그 영향력이 거의 사라진 상태였다. 조선의 지식인들은 불교를 멀리할 수밖에 없었다. 이를 테면 조선의 주류 사상인 성리학은 중국 송나라에서 전통적 유교 철학이 불교 철학과 혼합되어 형성된 것이었음에도 불구하고 조선에서는 성리학의 교설을 불교적으로 해석하는 것이 공격의 대상이 되곤 하였다.

유교도 조상제사를 제외하면 종교적인 요소가 거의 사라

진 상태였다. 유교의 지식층은 사후세계를 논의하는 것을 기피하였다. 신을 논하는 것도 사대부가 해서는 안 되는 것으로 치부하였다. 조선 초기의 사화를 거쳐 조선 후기의 당쟁으로부터 조선의 지식인들 사이에서 유교는 명분과 실리의 간극을 넓히는 이념의 측정 도구가 되었다. 조선에서는 18세기에 일어났던 유교 개혁운동이나 강화도를 통해 들어온 양명학은 거의 영향을 주지 못하였다.

당쟁의 이념의 도구가 되었던 성리학은 예민한 철학적 논쟁 그리고 다른 체계들에 대한 극단적 대립으로 유교 근본주의를 형성하였다. 조선 후기 일제의 침략에 대해서 의병활동이나 척사위정파의 기개를 보여준 것은 사실이나 19세기 근대화를 지향하는 조선의 개화운동에는 유교가 긍정적 영향을 미치지 못하였다.

천주교는 개신교보다 꼭 100년 먼저 조선에 전래되었다. 처음 남인 사대부들의 지도력으로 시작한 천주교는 조선 후기 개혁운동의 주도적 세력으로 기여하였다. 그러나 유교 보수 세력의 정치적 공격에 무너진 남인의 몰락과 함께 천주교는 근 한 세기간 참혹한 박해에 시달리게 된다.

천주교 신자들의 구성은 반세기가 안 되어 중·하류층으로 빠르게 재편되었다. 활기찬 개혁적 종교였던 천주교는 한 세기 간의 박해로 은둔적 종교로 바뀌었다. 천주교는 1886년 조선과 프랑스의 수호조약이 맺어진 후에야 비로소 종교의 자유를 허락받았다.

19세기 조선은 개화와 함께 새로운 세계를 향한 근대성의 추구에 전력을 기울였다. 새로운 교육제도, 남녀차별의 해소, 의료의 발전과 국가 개혁 및 시민의식의 함양 그리고 사회를 이끌어 갈 구성원들의 향상이 절실하게 필요하였다. 그리고 거의 진공 상태가 된 종교적 상황을 타개하기 위한 새로운 종교가 필요하였다. 기독교는 바로 이 시기에 한국에 들어오게 된다.

서구 기독교의 역사를 볼 때 기독교는 이미 2000년을 지낸 오랜 된 종교였다. 17세기 신대륙 아메리카에 들어간 기독교도 신대륙에 도입된 오래된 유럽의 종교였다. 그러나 기독교가 한국에 도입될 때 한국은 이미 오래 된 전통들이 지배하고 있었다. 기독교는 미국을 거쳐서 한국에 들어오게 됨으로써 미국의 근대 문화를 동반하고 들어왔다. 미국의 기독교는 유럽의 기독교에 비해 많은 변화를 겪었다.

미국의 기독교는 유럽에 비해 훨씬 대중화되어 있었다. 유럽에서 신학자, 성직자들이 주도하던 기독교의 전통은 미국에서 대중이 스스로 주도하는 종교로 변화되었다. 유럽의 기독교가 가졌던 위계질서의 형식은 미국에서 대부분 민주적 제도로 변화되었다. 미국의 기독교는 역동적이고 가르침이 선명하고 대중적이며 새로운 매체들을 활용하고 전달력이 높았다.

미국에서 전래된 기독교는 오래된 조선에 들어 온 새로운 종교로서 당시에 꼭 필요로 했던 종교였다. 당시에 조선은 신분제에서 해방된 대중들에게 새로운 가치와 윤리를 전하여 시민의식을 높여주며, 민주적 사회로 갈 수 있는 사상과 제도와 윤리를 제공하는 종교를 필요로 했고 기독교는 바로 그 일을 할 수 있었다.

한국교회가 급속하게
성장한 이유는 무엇인가

1. 초기의 교회 성장

1884년 기독교가 한국에 전래되었을 때 선교사들은 지난 세기 동안 있었던 천주교의 박해를 선명하게 기억하고 있었다. 그 위험이 줄어들기는 했지만 사라진 것은 아니었다. 선교사들은 개신교가 천주교와 다른 점을 강조하였다. 사실 많은 것이 달랐다. 개신교는 훨씬 대중적이고 민주적인 운영을 하고 있었다. 초기에 있었던 동학, 유교, 천주교의 도전을 피한 개신교는 가파르게 성장하기 시작하여 단 한 번의 침체도 없이 110년간의 성장을 기록하게 된다.

초기 기독교의 새로운 시대를 여는 이미지와 역할은 처음부터 기독교의 성장에 기여하였다. 비록 수백 명 단위이기는 하였으나 기독교의 성장은 빠르고 지속적으로 이루어졌다.

초기 선교사들은 한국에서 기독교를 받아들이는 속도가 빨라서 마치 가을 들판에 번져가는 불길을 연상시킨다고 보았다. 요원의 불길이라는 표현이 적절한 것이었다.

1895년과 1905년을 전환점으로 기독교의 성장은 가파르게 진행되었다. 이 두 해는 한국이 국가적, 민족적 어려움을 겪었던 해였다. 1894년에 봉기한 동학 농민군은 일본과 청나라의 개입으로 1895년 잔혹하게 진압되었다. 일본의 침략이 가시화되자 조정은 러시아로 급속하게 기울고, 이를 차단하기 위해 일본은 군대와 낭인들을 모아 왕궁을 침입하여 명성황후를 살해하는 을미사변을 일으킨다.

일제의 침략이 가시화 된 1895년 기독교의 교세는 가파르게 성장했다. 우선은 동학이 잔혹하게 진압되면서 동학도들이 대거 교회로 들어온 것으로 볼 수 있다. 치외법적 보호를 받았던 교회에서 안위를 찾으려던 사람들과 민족의 위기에 기독교에서만 그 길을 발견할거라는, 기독교가 근대화와 애국의 통로라는 인식이 기독교의 성장을 추진하는 동력이었다.

1905년 을사조약이 체결되면서 전국적으로 의병이 일어났다. 지역의 유생들이 주도한 의병 활동은 일본의 잔혹한 탄압과 최신 무기 앞에 속수무책으로 무너져 지방의 유교 지도층이 상당 부분 붕괴되는 결과를 가져왔다. 이 기간 동안 부흥운동이 진행되었고 교회의 성장이 가파르게 진행되었다. 평양 부흥운동이 진행되는 동안 교세는 빠르게 증가하여 5만 명에 이르는 기독교인이 생겨나게 되었다.

이 시기의 교회 성장은 장로교회와 감리교회의 주도로 이루어졌다. 당시 미국에서 감리교회의 교세가 압도적으로 컸기 때문에 한국에서도 초기에는 감리교 선교부의 투자가 많아서 감리교회의 성장이 앞섰다. 그러나 장로교회는 네비우스 방법으로 알려진 자립, 자치, 자전의 원칙을 적용함으로써 교회 성장의 속도가 빨라졌다. 감리교회가 교육과 의료 등 사회선교 분야에 많은 투자를 한 것과 달리 장로교회는 복음 전도와 교회의 성장에 주력하여 교세가 빠르게 성장했다. 1907년 부흥운동을 지나면서 장로교회의 교세가 감리교회를 넘어서고 그 이후로 한국교회의 역사에서는 현재까지 장로교회가 개신교 최대의 교파로서 남아 있다.

2. 일제 강점기의 교회성장

3·1운동이 일어나자 전국의 교회들이 참여하였다. 주로 장로교회와 감리교회가 여기에 참여하였다. 원래 3·1운동은 일본에 유학하던 유학생들이 주도하여 일어났고, 이에 자극을 받은 천도교 인사들이 기독교와 불교 지도자들을 만나 만세운동을 주도하여 이것이 전국으로 확산되어 거족적인 민족운동이 되었다.

3·1운동은 교회가 민족운동의 최선봉에 있다는 것을 겨레에게 각인시켰다. 실지로 3·1운동으로 체포되거나 구금된 사람은 기독교인이 가장 많았다. 3·1운동 당시 기독교인이란 10만 명을 조금 넘는 정도로 전체 2천만 인구의 0.5%에 지나지 않았다. 민족종교인 천도교는 100만이 훨씬 넘는 교세를 확보하고 있었다. 그럼에도 불구하고 파괴된 교회당의 숫자와 인적 피해가 가장 큰 것이 기독교였다. 기독교의 애국심과 민족애는 이렇게 역사적으로 입증이 되었고 그 결과 1920년대 초에 빠르게 교세가 증가하게 된다.

1920년대 중반부터 한국교회의 교세에 변화를 준 것은 성결교회였다. 성결교회는 일본에 온 자유감리교 출신 선교사 카우만과 일본 감리교회 감독 나카다가 함께 설립한 동양선교회라는 선교단체에서 출발하였다. 한국에는 정빈과 김상준이라는 이가 동경성서학원을 졸업하고 돌아와 활동을 시작하였고 한국에도 복음전도관과 경성성서학원이 설립되어 활동이 활발해졌다.

찰스 카우만과 어네스트 킬보른

1921년 선교단체에서 조선예수교동양선교회성결교회라는 긴 이름의 교단으로 출발한 성결교회는 기존의 장로교회와 감리교회의 틈새를 뚫고 전도활동을 활발하게 펼친다. 서울, 경기를 중심으로 선교를 하던 성결교회는 충청도와 경상도를 공략하였고 1932년부터는 미국 남감리교 출신의 정남수 목사를 영입하여 북한 지역 전도에 심혈을 기울였다. 1920년대부터 10여 년간 북한지역 선교에 실패했던 성결교회는 1935년에 이르면서 북한에 수천 명 규모의 교회를 여러 개 설립하게 된다.

그래서 기존의 장로교회와 감리교회에 이어 성결교회가 세 번째 규모의 개신교 교파로 성장하게 되었다. 흔히 장로교, 감리교, 성결교라고 부르던 한국 개신교회의 대표성은 해방 후 1980년대 오순절 교회와 침례교회의 급격한 성장을 보기 전까지 순위가 그대로 유지되었다.

일제 강점기 전체가 어려운 시기들이었지만 1930년대는 특히 어려운 시대였다. 1929년 일어난 세계대공황은 한국에도 밀어닥쳤다. 일본은 자국의 경제위기를 식민지에 전가하려 하였고 일본의 불황을 극복하기 위해 한국에서 생산된 농산물 특히 쌀을 저가에 수매하여 일본으로 수출하였다. 한국교회는 큰 타격을 받았다. 이를 타개하기 위해 교회는 교회 진흥운동을 펼치게 된다. 그리고 피폐해진 농촌을 살리기 위한 농촌운동과 사회운동이 활발하게 일어나게 된다. 이러한 교회의 노력으로 교회는 위기를 넘기려 하지만 더 큰 위기들이 닥쳐온다.

1931년 만주사변은 만주에 환영(幻影)과 속임수로 점철된 독특한 괴뢰국가 만주국을 낳았다. 1937년 중일전쟁을 시작한 일본은 1931년 만주사변까지를 소급해 '대동아전쟁'이라는 이름을 붙이고 태평양전쟁까지 15년 전쟁을 지속하였다. 1937년 중일전쟁이 시작되면서 일제는 한반도를 배후군사기지로 만들기 위해 민족운동 세력을 탄압하기 시작하였다. 민족운동의 본거지였던 교회의 타격은 컸다. 기독교 민족운동이 공격받으면서 교회의 일각이 무너졌다. 뒤이어 신사참배 반대 투쟁이 일어났다. 전시 기간 일제의 탄압은 무자비하고 가혹하였다. 교회는 정체될 수밖에 없었다. 성결교회, 안식교회 그리고 동아기독교가 일제에 의해 해산되었다. 장로교회와 감리교회, 구세군 등은 일본 기독교에 통합되었다. 교회의 자유는 사라졌고 전시 기간 교회는 그 성장을 멈추었다. 해방이 되었을 한국의 개신교는 30만을 겨우 넘고 있었다.

3. 해방 후의 교회 성장

해방 후 한국교회의 성장에 가장 큰 변화를 가져 온 것은 오순절 운동과 침례교회의 눈부신 성장이다. 장로교회, 감리교회와 성결교회가 오랜 역사 덕분에 조직은 비대해졌지만 역동성이 둔해진 반면에 새로운 교파들은 조직을 새롭게 구성하면서 가파른 성장세를 보이게 된다.

오순절교회는 원래 1928년 미국 오순절선교사 메리 럼지라는 여성이 한국에서 선교활동을 시작하여 그 시작을 알렸다. 해방되기 전에 오순절교회는 두 개를 넘지 못했다. 1950년 한국전쟁이 발발하자 공산주의를 막기 위해 국제연합의 연합군이 파견되었고 거기에는 미군 군목이 함께 있었다.

미국 오순절교회가 한국에 관심을 가지면서 한국의 오순절 운동이 새로운 전기를 찾게 되었다. 특히 조용기 목사의 출현은 한국 오순절운동의 역사를 바꾸어 놓았다. 자신의 폐질환

조용기 목사

을 극적으로 치유한 경험이 있는 조용기 목사는 1961년 서대문 대조동에서 천막교회를 개척하였다. 1970년대 여의도로 이전한 교회는 폭발적인 성장을 기록한다. 1970년대 한국교회는 빠른 성장을 유지하였다. 20년 평균 400%를 성장하였는데 여의도순복음교회는 같은 기간 2,000%를 성장하여 진기록을 세운다. 그 기간에 오순절운동은 20년간에 한국의 주류교단으로 자리 잡게 된다. 열정적 예배와 신비체험, 낙관적 신앙, 현세적 축복의 복음은 한국 사회를 강타하였고 대부분의 기독교회의 설교와 예배와 찬양 운동에 영향을 주었다.

한국 침례교회는 원래 캐나다 출신의 말콤 펜윅 선교사가 미국 침례교의 엘라딩 기념 선교회의 선교부를 인수하여 동아기독교라는 이름으로 출발한 것에 기인하였다. 작은 교파였던 동아기독교는 일제 말기에 강제로 해산되었고 해방 후 재건을 했을 때에는 목회자 11명의 작은 교파에 불과하였다.

한국전쟁에 참전한 미군 군목들 중에는 침례교 목사들도 있었다. 이들은 한국에서 자생하고 있었던 침례교를 발견하여 놀랐고, 미국의 최대 교단인 남침례교회는 한국의 침례교회를 돕기로 작정하였다. 대전에 신학교가 재건되었고 미국 남침례교에서는 선교사를 대거 파견하여 한국 침례교회의 성장을 후원하였다. 1970년대 초에 시작된 미국 교회의 후원으로 한국의 침례교회는 20년간 폭발적 성장을 하게 되었다. 그 기간 전국에 1만 명이 넘는 대형 침례교회가 10여 개 설립되는 등 침례교회는 대규모 성장을 이루게 되었다.

한국교회의 성장을 도운 것 중 하나는 1970년대부터 시작된 여의도의 초대형 집회였다. 1974년 '엑스플로 74'를 시작으로 세계적인 복음전도자 빌리 그레이엄 한국전도대회가 100만 명을 넘는 초대형 성공을 거두었다. 1980년대에는 민족복음화대성회라는 이름의 대형집회가, 1990년대 중반까지는 매

말콤 펜윅

년 부활절 연합예배를 여의도에서 개최하였다. 1990년대가 되기 전까지 해방 후 기독교가 주도한 대형집회들은 큰 성공을 거두었고 이것은 곧바로 교회 성장과 직결되었다.

그 기간 내내 한국 사회의 가장 중요한 관심은 경제성장과 긍정의 복음이었다. 한국전쟁의 폐허를 딛고 일어서기 위한

한국 사회의 노력에 정신적으로 가장 크게 기여한 것은 바로 기독교회였다. 한국 사회의 성장과 경제성장과 교회성장은 이 기간에는 동의어처럼 여겨졌다.

1990년대 중반이 지나면서 성장 일변도의 한국 사회에 변화가 감지되기 시작하였다. 그것은 먼저 1997년의 경제위기로 나타났다. 단순한 성장이 아니라 건강한 성장이 요구되기 시작하였다. 경제위기는 한국 사회가 더 이상 지난 20년간처럼 살아갈 수 없다는 것을 알려주었다. 1994년 교회 성장이 처음으로 정체되었다. 그로부터 10년 뒤에는 한국의 인구성장 자체가 중지되었다. 한국 사회의 변화를 알리는 신호탄이었다.

한국교회는 한국 사회를 상당 부분 이끌어 왔기 때문에 교회에서 일어나는 일들은 한국 사회에서 수년의 간격을 두고 발생하는 경향이 있다. 교회가 건강한 성장의 모습을 되찾을 때 한국 사회도 새로운 방향을 찾게 될 것이다. 한국교회는 한국 사회의 리트머스 시험지가 되었다는 것을 한국교회 성장사가 보여준다.

3·1운동과 한국교회는
어떤 관계가 있었나

1. 3·1운동이 한국근대사에서 갖는 의미

1948년 대한민국 국무원에서 헌법이 처음 제정되었을 때에 대한민국은 3·1운동 때 건국하였다고 기록하고 있다. 그후 대한민국의 헌법 전문에도 대한민국은 3·1운동의 정신과 4·19 민주혁명의 정신을 계승한다고 밝혀 3·1운동이 우리 대한민국 근대사의 자주적 출발점임을 명시하고 있다.

한때 1948년 정부수립에 대한 명칭을 놓고 논쟁이 벌어진 적이 있었다. 3·1운동이 건국의 시작인가 아니면 1948년 정부수립이 건국의 시작인가를 다투는 논쟁이었다. 얼핏 역사논쟁처럼 보였던 이 논의에는 두 개의 정치사적 견해가 대립하고 있었다. 먼저 3·1운동이 대한민국 건국의 출발점이라는 견해는 전통적 한국 근대민족주의의 입장을 반영한다. 이는 3·1

운동으로 상해에 임시정부가 수립되고 한성임시정부가 수립되었으므로 해방 후 대한민국의 정통성의 근거를 상해임시정부에 두려는 것이다.

이 입장이 오랫동안 대한민국 건국의 토대로 인식되었으나 이에 대한 반론이 2006년 정도에 나타나기 시작하였다. 이른바 새로운 우익이라는 일군의 경제학자 집단이 주장한 이 견해는 상해임시정부는 진정한 대한민국 정부가 아니었고 그에 따른 주권국가가 아니었기 때문에 1948년 대한민국 정부 수립이 이루어진 후에야 진정한 주권국가가 나타났다고 보는 입장이다. 이들은 임시정부의 실체와 주권을 의문시하며 이승만 정부의 정통성을 상대적으로 강조하기 위한 주장을 펴고 있다.

그러나 1948년 건국 논리의 근거가 빈약하다는 것은 여러 가지 역사적 사실에서 밝혀진다. 미국의 독립기념일은 7월 4일이다. 미국의 독립전쟁은 1776년 7월 4일에 시작되어 1783년 파리조약에서야 비로소 영국으로부터 독립국의 지위를 승인받았다. 그럼에도 불구하고 미국의 독립을 1783년이라고 말하는 경우는 없다. 1773년 보스턴 티파티 사건으로 영국과

의 전투가 시작된 후, 1776년 7월 4일에 독립선언을 하고 1783
년에 가서 국제법에서 독립국 지위를 얻게 되었다.

2차 세계대전 중의 프랑스의 경우도 독일 나치에 협력한
비시정부가 있었는가 하면 영국으로 망명한 드골 장군의 영도
하에 있었던 망명정부가 있었다. 드골 망명정부는 전후에도
그 정통성을 인정받았다. 그뿐만 아니라 드골 자신은 전후 프
랑스에서 나치에 저항했던 정신을 이어받아 프랑스를 재건하
고 위대한 프랑스를 선포하기도 하였다.

그러므로 대한민국의 건국을 3·1운동에서 시작하여 대한
민국임시정부로부터 그 법통을 이어 온다는 제헌헌법의 정신
은 그 누구도 부인할 수 없는 중요한 주장이며, 세계사의 여러
사건들 역시 제헌헌법과 같은 정신으로 해석되고 있음을 알
수 있다. 다만 3·1운동의 역사적 의의를 축소하고 한국 민족
의 자주정신을 스스로 낮추려는 역사해석은 그 근본 의도에서
반성이 필요하며 지양되어야 할 것이다.

3·1운동은 2천만 겨레가 독립국의 의지를 표명한 역사적
인 사건이다. 이 사건으로 말미암아 한국이 자주독립의 의지
가 충만한 민족이라는 것을 역사적으로 입증하는 계기를 마련

하였다. 3 · 1운동의 영향으로 중국에서는 5.4운동이 일어났고 아시아 여러 지역에서 독립운동이 일어나 2차 세계대전 중 아시아인의 자주와 독립운동의 도화선이 되었던 것이다. 이 민족사적, 세계사적 사건에 한국의 기독교는 여러 방면에서 깊이 참여하게 되었고 이를 통해 민족 기독교의 위상을 세웠으며 기독교 본연의 정신을 구현하는 교회로서 자리하게 되었다.

2. 3 · 1운동의 배경

3 · 1운동은 1차 세계대전과 2차 세계대전 사이에 만연한 두 가지 이념인 사회주의 민족해방전선과 민족자결주의 중에 민족자결주의의 영향을 받아 일어났다. 사회주의는 주로 3 · 1운동이 지난 후에 러시아 혁명의 영향으로 아프리카와 아시아 지역에 유포되면서 한국에도 전파되게 되었다. 무엇보다도 한국에서 일어난 3 · 1운동에 가장 큰 영향을 준 것은 민족자결주의였다. 프린스턴대학 교수 출신의 우드로우 윌슨 미합중국 대통령은 그의 학식만큼 존경받는 인품의 소유자였다. 그는 제국주의 국가의 식민지로 전락해 있는 세계 120개 민족

의 문제를 해결하는 길은 민족 스스로 자기의 미래를 결정할 수 있는 자결권을 가져야 한다고 보았다. 제국주의의 종식은 두 번의 세계대전을 거치고 나서야 해결될 만큼 어려운 과제였지만 윌슨의 이 고상한 정신은 식민지 민족들에게 당시로서는 영세중립국의 이미지를 가지고 있었던 미국 대통령의 발언이었기 때문에 그 파급력이 엄청나게 커졌다.

1905년 을사늑약과 1910년 한일합방으로 일제의 경제 침탈과 문단 정치의 속박 속에서 신음하던 2천만 민중들이 일어나, 마치 출애굽의 함성처럼 독립만세를 외친 것이 3·1운동이다. 식민지 한국의 여러 정치적 압박 속에서 갑작스럽게 세상을 떠난 고종이 일제에게 독살되었다는 소문이 가득하였고 이러한 요인들이 중첩되면서 3·1운동의 열기는 가중되었던 것이다.

또한 일본에서는 메이지 천황이 사망하고 새로이 다이쇼 천황이 즉위하였다. 다이쇼 천황은 선대 메이지 천황이나 후대 히로히토 천황과 같은 정치적 장식물이 아니었다. 그는 중요한 정치적 발언을 통해 영향력을 행사하려 하였다. 다이쇼 천황은 일본 국민의 민권에 대해서 깊은 관심을 가지고 있었고 민권 신장과 관련된 중대한 발언을 하였던 것이다. 그는 1912년부터 1926년까지 재위하였다.

　사실 일본은 제국헌법에서는 천황의 친정을 명시하고 있으나 제국의 출현 후 일본의 통치자는 일본 정부였다. 일본의 제국주의가 강화됨에 따라 민권운동은 억압의 대상이 되었고 일본 정부는 1921년 병약하고 정부 시책에 맞지 않는 다이쇼 천황 대신 황태자 히로히토로 하여금 대리청정을 하게 하였다. 그러나 다이쇼 천황 시대의 일본의 민권과 민주주의의 신장은 눈에 띠게 일어났다. 3·1운동도 이러한 일본 내부의 정치적 변화의 영향을 받았는데 3·1운동의 결과로 한국의 자치 문제가 논의될 정도로 다이쇼 천황이 영향을 미쳤다.

　세계의 이러한 흐름 속에 일본에 유학 중이던 이광수, 주요한 등 청년들 400여명이 동경한인 YMCA에 모여 1919년 2월 8일 독립선언서를 낭독하였다. 식민제국의 심장부에서 일으킨 한국 청년들의 쾌거였다. 이 소식이 한국으로 전해졌다. 세계의 흐름이 식민국가의 해방과 민족자결주의 사상으로 가고 있었기 때문에 자주 독립의 기회가 목전에 이르렀다는 생각이 넘쳐났다.

손병희

여기에 가장 먼저 나선 것이 천도교였다. 원래의 이름인 동학을 버리고 3대 지도자 손병희를 통해 천도교라는 이름을 갖게 되었다. 신흥종교라는 인상을 지워버리고 사상과 체계를 갖춘 종교로 거듭나기 위한 자구책이었다. 처음에 동학이란 이름은 서학이라 불리던 천주교에 대항하기 위하여 붙인 것이고, 천도교라는 이름은 한국 개신교가 기독교라는 이름을 사용했기 때문에 그에 대비되는 이름으로 다시 붙인 것이다.

천도교는 당시로서는 기독교에 비해 교세가 월등하게 컸다. 대략 인구의 10% 정도가 천도교인으로 추산될 정도였다. 민족종교인 천도교는 먼저 독립만세운동을 추진하면서 기독교와 불교 지도자들과 접촉하여 종교 지도자들이 주축이 되는 독립만세 운동을 계획하였다. 기독교는 천도교의 뒤를 이어 3·1운동에 참여하게 되었지만 3·1운동이 지난 후에는 가장 활발히 만세운동에 참여하여 가장 많은 피해를 입게 된다. 이 사실을 통해 기독교는 갑작스레 서구에서 수입된 종교가 아니라 이미 한국인의 삶 속에 깊이 뿌리내리고 고난을 함께 지는 교회가 되었다는 것을 보여 주었다.

3. 3·1운동과 기독교

3·1운동의 기독교 참여는 천도교의 선우혁, 최남선 등이 기독교 지도자들을 만나 거사에 동참하여 줄 것을 논의함으로써 시작되었다. 이에 기독교 측에서는 이승훈, 양전백, 길선주 등이 만나 기독교에서도 참여할 것을 약속하게 되었다. 뒤이어 불교의 한용운, 백용성 등도 만세운동 계획에 동참하게 되었다. 그래서 민족대표 33인은 기독교 대표 16명, 천도교 대표 15명, 불교대표 2명으로 구성되었다.

3·1운동은 초기 종교 지도자들이 지도력을 발휘함에 따라 애초 계획했던 대로 비폭력운동으로 전개되었다. 서울을 중심으로 일어난 만세운동은 한 달 후에는 경기 충청권으로 확대되었다. 반년 후에는 전국 일원에서 간도지역으로 퍼져 나갔다. 3·1운동의 후기에는 무장 투쟁으로 전환된 경우도 있었다. 1920년대 간도의 항일 무장 투쟁의 경우는 3·1운동

의 연장선에서 출현했다고 이해할 수 있다.

3·1운동의 참여에 기독교가 가장 적극적이었다. 전국에 있는 교회가 연락을 담당하고 태극기를 제작·배포하고 독립선언서를 인쇄하여 보급하였기 때문에 교회는 가장 중요한 3·1운동의 거점이었다.

일제의 시위 진압 과정에서 기독교회의 피해는 가장 크게 나타났다. 우선 일제에게 검거된 시위자들 중에서 기독교인이 전체의 80%를 차지하였다. 사망자만 7,600명을 넘었다. 체포된 이들이 50,000명으로 이는 전체 기독교인의 4분의 1에 해당하는 숫자였다. 파괴된 예배당이 59개소, 기독교 학교 파괴가 3개소, 기독교인 가옥 파괴가 724채에 이르렀다. 특히 간도의 간장암교회와 수원의 제암리 교회에서는 집단 학살이 벌어져 교회가 전소되고 교인들이 살해되는 사건이 일어났을 정도였다. 일제의 기독교 혐오가 그 정도에 이르고 있었다.

일제는 한국의 기독교를 파괴할 뿐 아니라 이를 소요로 간주하고 그 배후에 선교사들이 있다고 판단하였다. 그러나 선교부는 일제에게 1907년 이토 통감과 선교부 대표였던 웰치 감독이 만나 약속한 것을 상기시켰다. 이토 통감은 정치와 종교를 분리시켜 통감부는 정치를 맡고 선교부는 종교를 맡기로 역할 분담을 제안하였고 선교부도 동의했었다. 따라서 독립 만세 운동은 한국인의 자율적 의지에 의한 것이므로 선교부가 그들의 정치적 결단에 간섭할 수 없다는 요지의 응답을 하였다.

그뿐 아니라 선교부는 세계 언론에 한국에서 일어난 독립 운동의 실상을 알렸다. 일제의 가혹한 탄압은 선교사들의 노력으로 세계에 알려지기 시작하였다. 한국에 선교사를 파송한 본국의 교회들은 한국에서의 정치적 · 사회적 환경이 깊이 개선되어야 한다고 주장하였다.

교회의 막대한 피해가 있었음에도 불구하고 원하던 독립은 이루어지지 않았다. 그러나 일단 총독부의 무단 통치가 형식적으로나마 중지되었고 소위 '문화통치'로 전환되어 문관 출신 총독이 임명되었다. 부분적으로 기독교 교육과 종교 활동의 자유가 증진되었다. 교회는 한국 사회를 개선하기 위한 제안을 체계적으로 정립하여 총독부에 제출하였다.

3 · 1운동 직후 중국 상해에 대한민국임시정부가 수립되었다. 1920년대 105인 사건 이후 소멸되었던 기독교 민족운동이 빠르게 재건되었다. 기독교 민족운동은 농촌운동, 계몽사

업, 공창폐지, 아편예방 등 광범위한 사회운동을 전개하여 독립에 좌절한 한국 사회와 한국인의 삶을 회복하기 위한 노력을 경주하였다. 3·1운동은 대한민국의 정체성을 세우는데 가장 중요한 역할을 하였다. 그리고 거기에는 한국교회의 참여와 헌신과 희생의 역사가 뚜렷하게 각인되어 있다.

한국전쟁은 한국교회를
어떻게 바꾸었나

1. 한국전쟁의 기원과 그 피해

　제국주의의 종말을 고한 2차 세계대전이 끝나면서 식민지에 놓였던 약 120개 국가 및 민족들이 독립을 얻게 되었다. 한국도 그 나라들 중에 하나였다. 태평양 전쟁의 종전을 앞 둔 1944년 말부터 상해임시정부의 김구 주석은 이 전쟁이 너무 일찍 끝날 것을 우려하였다. 한국의 광복군이 연합군과 함께 대일 항전에 참여하여 피의 공헌을 하여야 전후 문제에서 한국인의 주도권 확보가 가능하다고 보았다.

　그러나 전쟁 말기 소비에트의 대일전쟁 참전으로 다급해진 미국은 일본에 원폭을 투하하여 전쟁이 빠르게 종결되었다. 김국 주석의 계획과는 달리 한반도의 북위 38도선 이남과 이북에는 미군과 소련군이 진주하여 군정이 실시되었고 정부

수립을 주도할 임시정부는 귀국을 중지 당하고 말았다.

1948년 남한과 북한에 정권이 각각 들어서면서 임시정부 요인들이 우려하였던 남북 민족 분단이 되고 말았다. 그때 김구 선생은 남북이 분단되면 전쟁이 나게 된다고 우려하였다. 비슷한 시기에 한국의 지식인 108인 선언은 외세에 의한 분단이 지속되면 전쟁이 일어나게 되고, 그 전쟁은 내전의 형태를 띤 국제전이 될 것이라고 예측하였다. 남북한의 독자적 권력수립은 이렇게 전쟁의 위험을 이미 내포하고 있었다.

1948년 각각의 정부가 수립된 남한과 북한은 그해 가을 내내 소규모 총격전을 벌였다. 이틀에 세 번 꼴로 벌어진 총격전은 38선이 언제든 군사적으로 충돌할 가능성이 있는 위험 지대라는 사실을 알려주었다. 이때만 해도 경찰력이 우세한 남한이 북한보다 군사력에서 상대적 우위를 보이고 있었다.

한국전쟁이 나기까지 북한은 소련에서 무기를 얻기 위해 무진 노력을 하였다. 그리고 1949년 중국에서 대일항전을 하던 전투 경험이 많은 군사들이 대거 귀국하였다. 북한은 공산주의에 의한 한반도의 적화통일이 한반도 통일의 유일한 길이라고 강변하였고 군사적 통일을 추구하였다.

남한도 강경한 태도를 유지하였다. 북진통일을 주장하며 북한 정권과 강경하게 대립하였다. 임시정부를 주도했던 민족주의 이념은 퇴색하여 자주적 한민족 독립국가가 아닌 하위 이념의 대결이 격화되었다. 북진통일을 위해서 미군의 주둔과 무기를 원하였고 또 무기를 얻기 위해 군사적 긴장을 이용하였다. 1949년에는 소규모 무력시위가 아닌 여단 규모의 무력 대결로 비화하였다. 서부 전선에서 두 번, 동부전선에서 한 번 중화기를 동원한 무력충돌이 있었다. 북한은 남측의 이러한 무력시위를 근거로 소련에서 무기를 도입하는데 성공하였다.

1950년 6월 25일 소련으로부터 무기를 공급받고 중공에서 참전 경험이 있는 병력을 대거 보충한 북한의 전면적 남침이 이루어져 3년간의 참혹한 전쟁이 일어났다. 사망자는 모두 450만 명으로 추산된다. 그중 400만 명이 민간인이었다. 양측이 점령하는 곳에서 이념적 살육이 일어났다. 특히 공산주의가 점령한 동안 점령지에서 기독교의 피해는 극심했다. 공산치하에서 남한의 군경과 더불어 가장 큰 박해를 받은 것은 기독교였다.

1930년대 간도에서 공산주의자들에 의해 기독교인들이

참혹한 박해를 받은 그 역사가 다시 한국전쟁이라는 거대한 폭력의 장에서 나타난 것이다. 한국전쟁은 한국 현대사에 씻을 수 없는 상처를 입혔다. 그뿐 아니라 한국의 기독교는 이 전쟁으로 가장 큰 박해와 위협을 겪게 되었다.

2. 한국교회와 공산주의

1920년대 한국의 기독교는 사회주의와 이념적 동맹이라고 생각하였다. 자본주의의 탐욕과 맞서는데 사회주의적 사상이 기독교의 윤리와 일맥상통한다고 생각하였다. 그러나 1930년대 간도에서 일어난 공산주의자들의 기독교에 대한 박해는 이러한 기독교의 공산주의에 대한 기대를 완전히 무너뜨렸다.

한국전쟁은 기독교회를 더욱 무력하게 무너뜨렸다. 우선 분단되어 전쟁에 돌입한 양측의 교회는 전쟁 중에 각 체제의 정당성을 두둔하기 위한 선전도구로 전락하였다. 전쟁의 파괴성을 경고하고 평화와 화합을 위해 노력해야 할 교회는 전쟁이라는 극한 상황 속에서 양쪽 체제 수호의 선전 기관으로 변질되고 말았다.

북한의 침략이후 남한을 점령한 북한은 남한 내 북한 공산체제에 반대되는 세력을 군과 경찰, 기독교인으로 보았다. 그 결과 기독교인들의 살해 및 납치가 북한의 남한 점령기간 내내 만연하였다. 북한의 남한 점령기간 동안 서울에 잔류하였던 기독교인들 중 목회자들은 거의가 납북되어 그 생사를 확인할 길이 없어졌으며 많은 기독교인들이 반동이라는 이름으로 처형되었다.

충청도와 전라도에서는 공산군에 의한 교회 소각 및 교인 탄압과 살상이 일어났다. 일제강점기에 신사참배 반대운동으로 인한 투옥과 고문으로 순교자들이 있었지만 한국전쟁 중 공산주의 치하의 남한에서 일어난 폭력으로 인한 순교는 비교할 수 없이 거대한 규모였다.

전쟁으로 인한 이념적 대립은 양측이 점령한 지역에서 반복되었다. 특히 기독교에 대한 탄압은 가혹하게 진행되었고, 전쟁의 공포와 불안의 희생양으로서 대량 살육이 횡행하였다. 전후 한국의 기독교가 철저한 반공을 하게 된 것은 한국전쟁의 경험에서 비롯한 것이다.

전쟁 이후 한국의 기독교는 공산주의 독재체제의 비민주적 성격과 우상숭배를 비판하였다. 그러나 한편으로는 북한의 가난한 이들을 위한 식량공급과 의약품 지원 등 여러 차원에서의 인도적 지원을 아끼지 않고 있다.

동아시아 근대사의 비극은 미성숙한 정치와 사상의 발전으로 건전한 사회주의의 육성이 좌절되었던 것이다. 유럽 사회주의 역사는 유럽의 민주주의의 발전의 역사와 궤적을 같이 한다. 그러나 동아시아의 사회주의는 러시아 혁명과 중국 혁명에서 나타난 것처럼 다당제 의회민주주의의 발전과 함께 이루어진 것이 아니었다. 러시아에서 볼셰비키의 프롤레타리아 계급 일당 독재가 정치적 정당성을 획득한 후로 중국과 북한에서 동일한 방식의 전체주의적 정치 구조화가 반복되었다.

한국의 기독교인 중에는 기독교와 사회주의가 필연적으로 만나야 한다고 본 이도 있었다. 배민수 목사와 함께 1930년대 장로교회의 농촌운동을 이끌었던 유재기 목사는 사회주의가 반드시 기독교와 만나야 한다고 보았다. 사회주의가 주장하는 경제적 평등은 원칙적으로 공의롭다고 보았다. 다만 그 실천 방식이 일당 독재와 같은 방식으로 이루어진다면 파괴적인 결과를 가져올 것이라고 보았는데 그 판단은 옳았다. 한국뿐 아니라 동아시아의 사회주의 운동은 정치적 폐쇄주의와 전체주의로 타락하였다. 자본주의가 타락한 형태였던 일본 군국주의만큼이나 위험스런 체제가 되었던 것이다. 기독교가 우려했던 것이 바로 그것이었다.

3. 한국전쟁 후 경건의 이질화와 생존 투쟁

한국전쟁은 물리적인 측면에서 한반도 인구의 20%를 넘는 사람들의 생명을 앗아갔다. 임진왜란 때의 인구 감소 이후 최대치가 될 것이다. 산업시설은 남한과 북한을 막론하고 철저하게 파괴되었다. 그나마 산업시설이 부족했던 한국은 전쟁으로 완전히 소실되었다. 전쟁 후 한국은 세계 최빈국으로 전락하고 말았다. 해방의 기쁨도 잠시, 전쟁은 한국 사회에 지속적인 고통의 원인을 제공하였다.

남북 대결과 군사적 긴장은 전후 60년이 지난 현재까지도 한반도에 거주하는 모든 이들의 삶을 위협하고 있다. 북한이 자주 국방이라는 이름으로 핵을 개발함으로써 한반도의 잠재적 위기는 고조되고 있다. 국방비와 안보 비용은 한반도 양측의 경제 개발 및 성장 요인을 잠식하는 부정적 요소로 작용하고 있다.

전쟁 후 한국의 재건은 약 10여 년이 걸렸고 빈곤을 극복하기 까지는 20여 년이 소요되었다. 무엇보다도 정신적인 측면에서 손실은 더욱 컸다. 불신 풍조와 이념적 극한 대결은 남북 관계에서뿐 아니라 대한민국 안에서도 불신과 대립이 격화되어 사회적 안정을 해치고 있다.

사회의 각 부분과 삶의 형식이 전쟁과 비슷한 형식으로 이루어지고 있다. 사회에는 경쟁이라는 용어를 넘어서 전쟁이란 용어가 일상화되었다. 입시전쟁, 취업전쟁 등 일상적 삶이 전쟁이 되었다. 개인과 개인 사이의 불신, 정부와 국민 사이의 불신, 그리고 사용자와 고용인 사이의 불신 등 신뢰의 파괴로 인한 사회적 비용은 엄청난 규모로 한국 사회를 잠식하고 있다. 지속가능한 산업과 사회의 유지가 아닌 피난민처럼 한탕주의와 기회주의로 살아가는 것도 전쟁의식의 발로이다.

전쟁 후 한국교회에도 나타난 부정적 변화는 경건의 이질화였다. 박태선의 전도관 및 문선명의 통일교 등 이질적 종교

집단이 대거 등장하게 된 것도 한국전쟁으로 피폐해진 사회 분위기를 탄 것이었다. 신비주의와 열광주의가 만연하였고 기존 교회들은 이 전쟁의 참화 속에서 분열하여, 사회를 치유하고 전쟁의 아픔을 치유하기보다는 전쟁의 파생 효과 속에 부정적으로 노출되었다.

한국전쟁이 휴전 상태로 지속되면서 약 60년이 흘렀다. 그러나 한국 사회는 여전히 전쟁의 후유증을 앓고 있다. 세계 유일의 분단 민족으로서 두 체제는 계속 대립하고 화해의 길은 아직도 멀어 보인다.

한국교회는 한국전쟁의 가장 큰 피해자였다. 그러나 한국교회는 북한을 변화시키는데 가장 큰 역할을 하였다. 곡물과 의료의 인도적 지원을 멈춘 적이 없었으며 민간 교류에서도 앞장서서 북한의 문호를 개방하고 한국이 축적한 물질적 지원과 더불어 한국이 쌓아놓은 관용의 정신과 평화통일의 의지를 알리는 데에도 크게 기여하였다.

민족의 통일은 향후 동아시아의 운명과 한국의 운명에 가장 큰 영향을 미치는 요인이 될 것이다. 우선 통일이 된다면 경제적으로 인구 8천만의 시장이 형성되어 안정적 구조를 갖게 될 것이다. 그리고 동아시아의 정치적 안정에 기여하게 될 것이고 한반도는 향후 수백 년간의 번영과 새로운 역사적 실험이 가능해질 것이다.

그러나 가장 큰 장벽은 전쟁의 기억이다. 전쟁에 대한 기억을 소멸시킬 수는 없고 소멸시켜서도 안 된다. 오히려 전쟁에 대한 기억을 깊이 간직함으로써만 화해의 길이 열릴 것이다. 그리고 전쟁의 어리석음과 평화와 화해의 가치를 더욱 깊이 깨달음으로써 항구적인 평화 통일의 기반을 구축할 수 있을 것이다. 교회는 그 길에서 기독교 복음이 주는 화해의 가치를 발하고 역사를 변화시키는 기독교 복음의 능력을 나타내어야 할 것이다.

한국에 교파가 지나치게
많은 이유는 무엇인가

1. 한국교회의 분열

한국 개신교의 역사에서 가장 아쉬운 부분이 있다면 교회 분열의 역사이다. 교회분열이 교회의 정화나 불가피한 신학적 충돌로 인한 것이라면 정당성을 얻을 수도 있다. 그러나 교권 투쟁이나 이익에 의한 갈등 등 비본질적 요소로 인해 분열한다면 그것은 정당성을 얻기 어렵다.

사실 모든 교회의 교회론은 하나의 통일된 신학에 의존한다. 그것은 교회는 그리스도를 머리로 하는 그리스도의 몸이라는 것이다. 그러나 교회 분열에 사용되는 다른 성서적 근거는 누구든지 그리스도의 이름으로 두세 사람이 모인 곳에는 그리스도께서 함께 하신다는 약속에 근거한 교회의 개별성이다.

한국교회의 분열은 분파운동으로 갈라져간 종파주의적 분

열을 제외하면 모두 해방 후에 일어났다. 해방 후 일제강점기 말기의 신사참배 문제를 미해결한 것이 교회의 분열을 가져왔고 신학적 대립이 그 후의 교회 분열의 원인을 제공하였다.

해방 직후의 분열이 지난 후 1980년대 이후의 교회분열 양상은 교파의 난립이라는 형식으로 일어났다. 군소 교파들이 난립하면서 분열에 분열을 거듭하였고 특히 장로교 보수 교파는 무려 100여 개가 넘는 숫자로 분열하였다. 후에 한국 기독교 총연합회 등 연합단체가 결성되기는 하였지만 원래 장로교회의 모습대로 회복되지 못하였고 회복될 기미도 보이지 않았다.

한국교회 분열의 사회적, 역사적 원인으로 지목되는 것이 몇 가지 있다. 첫째는 지역적 요소이다. 일제강점기까지만 해도 한반도를 지리적으로 부를 때 한강 이남과 이북을 나누어 한수이남과 한수이북이라는 용어를 사용하였다. 역사적으로 한반도의 가장 중요한 지정학적 위치가 한강이었고, 삼국시대 이후 한강을 차지하기 위한 투쟁은 지속적으로 이어졌다.

한반도를 완전하게 통일한 고려시대에는 호남지역을 고립시키는 정치적 전략을 사용하였다. 고려를 건국한 왕건은 호남 사람을 중용하면 안 된다는 말을 훈요십조에 남겼다고 전해지지만 그것이 사실인지는 확실하지 않다. 다만 해방 후 한국 정치사에서 이러한 고려 태조 왕건의 말을 이용한 지역주의가 활발했던 것은 사실이다. 조선시대에는 홍경래의 난 이후 서북인에 대한 질시와 차별이 많았다고 전해진다.

일제 강점기 한국교회의 분열 양상을 보면 지역 간의 대결 구도가 여실하게 드러난다. 우선 서울의 기독교는 전통적 관료계급이 많았던 관계로 교권의 형성이 강하게 뿌리내리지 못하였다. 오히려 교권보다는 사회적 관심, 동서 문화융합적, 토착화 신학적 기독교가 뿌리를 내렸다. 반면 평양을 중심으로 한 서북에는 교회의 급속한 성장, 신학교육 기관과 기독교학교의 밀집 등으로 교권이 형성될 요지가 많았다. 특히 북장로교와 북감리교 선교 구역인 서북과 영남이 연대하고, 관북과 서울, 경기 그리고 호남이 연대하여 서북의 교권에 도전하는 기능을 수행하게 된다.

결국 한국개신교회의 분열은 오래된 지역적 정서와 문화가 기독교 선교 과정에서 형성된 교권과 신학과 결합하여 각기 세력 구도를 형성하고 이것이 특정한 사건들과 결부되면서 교회분열의 위기로 치닫게 되었던 것이다.

2. 1930년대의 분열

한국교회 분열의 양상은 1930년대에 이르러 표면화되기 시작하였다. 서북의 교권은 다른 지역에 대한 신학적 지도력을 갖고 있다고 확신하였기 때문에 거의 모든 교회의 사업에서 주도권을 행사하려 하였다.

원래 장로교회와 감리교회는 국내 선교 사업에 관해 선교사들로부터 에큐메니칼 연합 사업의 성격을 부여받아 함께 운영하여 왔다. 그래서 찬송가와 기독교 언론 사업 등 여러 분야에서 교회일치를 이루어 왔다. 찬송가의 경우에는 찬송가 공의회가 만들어져 장로교와 감리교가 연합으로 발행하여 사용하였다. 다른 나라의 경우 교파의 신앙고백이 각각 다르기 때문에 각 교파별 찬송가를 사용하는 것과는 무척 대조되는 연합사업의 성과였다.

그런데 1930년 중반 평양의 장로교회 종교교육부에서 새로 찬송가를 제정하여 반포한다고 발표하였다. 거기에는 기존의 찬송가를 개정하면서 문제가 있다는 표면적 구실도 있었지만 찬송가를 가장 많이 소비하는 교회가 장로교회이니 만큼 장로교회 찬송가가 나오게 되면 판매 이익을 장로교회가 대부분 회수하는 경제적 문제도 배후에 있었다. 1931년 간행된 신정 찬송가의 가사에 문제가 많다는 사실은 김교신과 같은 인물도 지적한 바가 있었으나 곧 바로 다른 찬송가를 간행한다는 것은 연합 사업에서 장로교회가 철수한다는 것을 의미할 수도 있는 상황이었다.

그리고 장로교와 감리교가 연합으로 발행하던 기독교 언론 [기독신보]가 자유주의적 견해를 표방한다는 의심을 저변에 깔고 평양의 장로교 교권에서는 독자적으로 [기독교보]를 발간하였다. 신학적 정통성과 정론지를 표방하였으나 그 역시 찬송가 문제처럼 교회 일치의 균열을 일으키는 사건이었다.

이처럼 연합사업의 균열에서 시작한 분열의 위기는 서울, 경기 지역의 장로교 목사들이 감리교 목사들과 연합 활동을 하게 됨으로써 서북 장로교의 교권에 도전하는 인상을 주었고 사실 그 두 지역 간의 신학적 견해의 차이는 두드러졌다.

서울의 장로교 김영주 목사는 교회 안에서 여성의 권한에 대한 논설을 썼고 이는 보수적 평양의 교권에 비성서적 자유주의 해석이라는 인상을 강하게 심어 주었다. 게다가 감리교회 유형기 목사가 주도한 [아빙돈 단권 주석] 번역과 편집에 서울 지역의 장로교 목사들이 참여하였는데 평양에서는 이 아빙돈 주석이 성서의 권위를 훼손하는 자유주의적 신학에 기초하고 있다고 보았다.

설상가상으로 감리교의 신흥우가 주도하여 설립한 적극신앙단에 서울지역의 장로교 교역자들이 함께 참여하면서 남북의 갈등은 최고조로 치솟게 되었다. 적극신앙단은 감리교의 사회신경에 나타난 새로운 사회 건설과 지상에서 하나님 나라의 구현이라는 사회참여 지향적 신앙을 추구하였다. 마침내 서울 지역과 서북 지역의 신학적 지향점의 차이를 극명하게 드러내는 조선신학교 설립이 이루어지게 된다.

서북의 교권은 서울의 장로교회가 장로교 신앙으로부터 멀리 떨어져 나왔다고 판단하였다. 여성권리 문제, [아빙돈 주석], 적극 신앙단 사건은 교회의 치리 문제로 비화되었고 서울 지역 장로교 교역자들은 평양의 교권에 반발하였다. 평양은 서울의 새문안 교회를 중심으로 서울 지역에 교권을 행사하려 하였고 서북의 교권에 반발하는 서울지역 교역자들은 평양의 교권이 좌우하는 경기노회에 저항하며 경중노회를 설립하게 되었다.

경중노회의 출현으로 장로교회의 분열은 이미 진행되고 있다고 판단할 수 있는 상황이었다. 그러나 교회의 화합과 일치를 주장하는 이들의 노력으로 장로교회는 교회의 분열을 극적으로 피할 수 있었다. 경기노회에서 경중노회의 분립을 총회가 승인함으로써 장로교회의 분열은 피할 수 있었다. 그러나 이때 형성된 갈등과 반목 그리고 지역과 신학의 구조적 분할은 해방 후 교회의 분열을 가져오고 만다.

3. 해방 후 교회 분열

한국교회의 분열은 한국전쟁이 한창이던 1952년 피난지 부산에서 일어난다. 1938년 한국장로교회가 신사참배를 공식 가결한 장로교 총회를 주도한 이는 총회장 홍택기와 부총회장 김길창이었다. 1945년 해방이 되자 신사참배를 반대하여 투옥되었던 이들은 출옥과 동시에 신사참배를 주도한 교회 지도자들이 교단의 중요한 지위에서 물러나고 자숙할 것을 요청하였다.

그러나 교권의 핵심부에 있었던 이들은 자신들이 신사참배를 수용하여 교회를 지켰다는 변명과 함께 형식적인 반성만 하였다. 이에 출옥한 성도들은 반발하였다. 1945년 이후 북한에 공산정권의 수립이 가시화되면서 다수의 그리스도인들이 남하하였다. 출옥한 성도들은 신사참배 반대에 가장 열정적으로 참여한 경남노회로 집결하였다. 그리고 장로교회 신사참배에 대해서 회개하지 않는다고 장로교 총회측을 비난하였다. 특히 경남노회 김길창 목사의 전력이 문제가 되었고 출옥한 성도들은 다시금 집결하여 노회를 분립하기로 결의하고 결국 한국전쟁이 한창이던 1952년 분립하였다.

장로교회의 분열은 여기에 그치지 않았다. 1930년대 중반 신학적 자유주의로 서북의 교권과 대립하던 서울 지역의 장로교회는 1935년 설립된 조선신학교를 주축으로 기존의 장로교회의 신학적 보수성을 비판하고 신학의 학문적 자유와 진보를 선언하며 1954년 한국 기독교장로회 총회로 분리하여 나갔다. 이것은 1930년대부터 지속되던 장로교의 교권과 지역 그리고 신학의 대결이 가시화된 것이었다.

1959년 장로교회는 또 다른 난관에 봉착하였다. 한국장로교회의 세계기독교교회협의회 가입을 놓고 장로교 내의 보수파와 협의회 가입파가 다투게 되었던 것이다. 보수측은 세계기독교교회협의회가 용공성이 있고 자유주의적이며 종국적으로 모든 교회를 통합하려는 단일 교회 운동을 펼치고 있다고 의심하였다. 게다가 미국에서 온 칼 매킨타이어와 같은 보수적 선교사들이 세계기독교교회협의회의 활동과 신학을 위험한 것으로 간주하였기에 한국 장로교 내의 보수적 그룹은 이러한 미국 보수주의 신학의 영향 아래 놓이게 되었다. 거기에다가 장로회직영신학교 교장 박형룡 박사의 공금 유용 문제가 제기되어 파벌의 분열을 가속화하였다.

결국 장로교회는 세 번째 분열을 하게 된다. 세계기독교교회협의회 가입을 주도한 주류는 대한예수교장로회 통합측으로 남았고 가입을 반대한 보수 그룹은 분립하여 새로운 총회를 결성하고 현재의 합동측으로 각각 분립하였다. 통합측이 주류로 인정받게 된 이유는 다수의 선교사들이 통합측에 남았기 때문이었다.

이와 같은 신학적 대립, 신사참배 문제의 미청산, 교회 내의 파벌의 문제는 비단 장로교회뿐 아니라 감리교회의 분열과 성결교회의 분열을 가져왔다. 해방의 기쁨도 잠시 그 후 15년 간 이루어진 한국교회의 분열은 한 동안 세계 기독교의 근심 이 될 정도로 심각한 양상을 띠고 있었다.

그 후 보수측인 합동과 고려파는 새로운 분열을 파생적으 로 경험하게 되었다. 특히 합동 계열은 1980년대 이후에도 계 속적인 분열로 100여개가 넘는 교파 난립의 양상을 띠면서 이 후 발생한 한국교회 문제들의 물리적 원인을 제공하였다.

한국교회의 분열은 한국교회에 교회론의 과제를 제기하였 다. 그리스도의 몸으로서의 교회가 어떻게 교회 지도부의 이 해관계에 따라 분리될 수 있는가의 문제였다. 미국에서 두 개 의 선교부, 호주와 캐나다에서 각각 한 개의 선교부 모두 네 개의 교단 선교부가 내한하였으나 1912년 조선예수교장로회 하나의 교회로 출발한 한국의 장로교회는 현재에도 여러 교파 분열의 흔적을 간직하고 있다. 금세기 한국교회의 과제 중 하 나는 교회의 일치와 회복이 될 것이고 이것이 한국교회의 내 적 성숙을 가늠하는 중요한 시금석이 될 것이다.

한국교회연합운동의 역사는
어떻게 이루어졌는가

1. 선교부의 일치 운동

한국에 도래한 선교사들은 초기부터 선교적 일치와 연합을 위한 기구의 조직과 활동에 주력하였다. 우선 미국 북장로와 남장로교 그리고 캐나다 장로교와 호주 장로교 선교부가 연합하여 장로교 정치를 공유하는 선교부 연합회를 결성하였고 뒤이어 내한 선교사들을 망라하는 선교공의회를 구성하였다. 이때가 1905년경으로 1910년에 국제선교사협의회(International Missionary Council)를 통해 세계적으로 선교사들의 선교 일치 운동이 일어난 것과 비교해도 한국에서 선교일치운동이 이른 시기에 시작되었음을 알 수 있다.

서구의 여러 교파 교회가 한국에 선교를 하였으나, 특히 선교공의회는 이를 타파하고 하나의 단일 교회를 설립할 것을 계획하였다. 이를 주도한 인물이 언더우드였다. 출생과 교육 그리고 선교에서 항상 에큐메니칼 정신을 구현하려 했던 것이 바로 언더우드였다. 언더우드는 영국에서 출생하여 프랑스와 미국에서 교육받고 한국에서 생의 대부분을 보냈다. 그는 미국 본토 출신들이 갖는 미국적인 기독교의 정체성이 강하지 않았다.

그래서 미국의 감리교 선교사들이나 캐나다 선교사들과 협력하여 선교하는 것을 두려워하지 않았다. 피어선 신학교, 황성기독청년회, 연희전문의 설립 과정에서 그는 항상 타 교파 선교사들과 연대하여 그 사역을 수행하였다. 언더우드에게 에큐메니칼 정신은 선택이 아닌 필연적 과정처럼 보인다.

1905년 설립된 한국복음주의선교사공의회는 이러한 초기 선교사들의 에큐메니칼 정신의 결집체였다. 한국에 교파를 넘어선 단일 교회를 설립한다는 구상은 이상적이고 아름다운 것이었다. 그것은 복음주의 신학을 공유하면서 한국에서 단일한 조직의 교회를 설립하여 민족교회의 꿈을 이루려는 첫 번째 시도였다. 게다가 1905년부터 1907년까지 한국교회의 대부흥운동은 교세의 가파른 성장을 이루어 자립 자치의 단일

교회의 꿈은 눈앞에 다가오는 것처럼 보였다.

그러나 그 시기가 너무 빨랐다. 에큐메니칼 운동은 1910년 국제선교사협의회를 통해 시작되었다. 존 모트와 같은 에큐메니칼 운동 지도자를 통해 신앙과 직제(Faith and Order)와 생활과 사역(Life and Work)이라는 국제적 기구가 결합하여 1936년 런던회의 그리고 1948년 뉴델리에서 비로소 그 공식기구로서의 역사적 첫발을 내딛게 된다.

따라서 한국에서 일어난 선교사협의회의 단일 교회의 구상은 그 방향이 올바름에도 불구하고 세계기독교의 흐름에 과도하게 앞선다는 인상을 지우기 어려워 곧 장벽에 부딪히게 된다. 우선 각 교파의 본국 교회들이 냉담한 반응을 보였다.

존 모트

한국에 선교사를 파견한 본국의 여러 선교부에서는 이러한 단일 교회의 구상에 관심이 없었다. 그리고 웨슬리안과 칼빈주의의 신학적 장벽이 문제로 제기 되었다. 여러 신학적 전통이 어떻게 그 장벽을 극복할 수 있는지 불투명하다는 견해가 지배

적이었다.

그리고 교회의 성장이 가시화되자 한국인의 자치적 교회
를 수립한다던 초기의 이상보다는 교파의 틀을 유지하려는 선
교사들의 주도적 역할이 현실을 압도하게 되었다. 한국의 단
일 교회의 꿈은 후에 한국인들의 손에 맡기자는 여론 속에 희
석되어 갔다.

2. 일제 강점기 연합운동

단일 교회 형성의 꿈이 좌절되기는 하였으나 선교부의 연합
활동은 기본적인 틀을 유지하고 있었다. 선교공의회는 1918년
장감연합공의회라는 장로교회와 감리교회가 주도하고 협력
하는 연합 단체를 구성하여 기존의 교회 일치의 정신을 존속
시킬 수 있었다. 기존의 선교공의회를 주도하던 것이 장로교
와 감리교였기 때문에 그것의 연장선에서 장감연합공의회가
조직되었다.

이 공의회는 교파의 통합이라는 원래의 취지를 제외한 공
동의 사업에 함께 참여하였다. 찬송가 공의회, 성서공회, 기독

교서회 및 기독신보 등 교회의 연합사업의 범위를 확장시켰다. 그래서 한국교회의 일치와 연합 사업은 그 명분을 유지하여갔다.

1924년 장감연합공의회는 조선예수교연합공의회로 그 이름을 바꾸고 새로운 사업을 확대해 나갔다. 특히 1928년 예루살렘에서 개최된 국제선교사협의회에 한국 대표가 다수 참석하여 교회의 사회참여와 사회신학의 발전을 경험하였다. 조선예수교연합공의회는 기독교의 사회적 책임을 수행하기 위한 사회신학 및 사회신조를 제정하고 장로교 농촌부, 감리교 사회운동, 기독교청년회의 사회운동 등 1920년대부터 1930년대 말까지 활발한 사회운동을 펼치게 된다.

이러한 사회운동과 공의회의 활동은 1937년 중일전쟁으로 일본의 아시아 침탈이 격화되어 한국 내의 모든 민족운동 세력이 척결되면서 조선예수교연합공의회가 해산됨에 따라 중지되고 말았다.

1939년 일본제국의회에서 종교단체법이 통과되면서 일본과 한국에서 기독교회의 위상이 급격하게 약화되기 시작하였고 일본 정치권력의 요구에 따라 종교단체의 통폐합이 강요되었다.

1938년과 1939년에 걸쳐 국내의 교단을 통합하는 작업이 진행되었다. 장로교와 감리교를 비롯한 여러 교단의 통폐합 요구가 있었고 거기에 따른 교단들의 통합이 자발적 형식으로 이루어졌다. 만주국에 세워진 간도에서도 한국의 기독교 교단들의 통합이 진행되었다. 1942년 일본의 요구에 소극적이었던 성결교회, 안식교회 그리고 동아기독교가 강제로 해산되었다.

이 세 교회의 경우는 주류 교단인 장로교회, 감리교회와 달리 종말신앙, 재림신앙, 안식일 준수 등 교단이 추구하는 강한 비타협적 교리가 있었다. 일제는 이러한 교리가 일본의 정책에 반한다고 보아 1942년 이 세 교단을 강제로 해산시켰다.

다음 단계는 일본의 기독교 교단에 한국의 기독교회를 통합하는 작업이었다. 한국의 장로교회와 감리교회는 각각 일본의 장로교회와 감리교회에 강제 가입되었다. 그뿐 아니라 1945년에 일본 기독교회는 일본그리스도교단이라는 이름으로 통합되었는데 그 추세를 따라 한국에서도 1945년 여름, 한국의 장로교회와 감리교회를 통합하여 일본기독교조선교단이라는 이름으로 일본 기독교에 종속시켰다. 이것은 허울뿐인 한국 기독교 연합의 조직적 일치를 이룬 사건이 되었다. 자발적으로 한국의 교회의 연합을 이룩한 것이 아니라 일본의 황도적 기독교라는 미명하에 강압적 통합으로 교회의 일치가 이루어진 아이러니한 순간이었다.

3. 해방 후 교회연합운동

1945년 해방이 찾아왔다. 해방은 찾아왔으나 한국이 완전한 독립을 이루고 국내외적으로 주권적 지위를 찾아가는 것은 오랜 시간을 거쳐야 할 과제이다. 해방 후 70여 년이 지났건만 한국에서는 아직도 사대주의적 사고를 하는 이들이 남아있다. 이는 분명한 전근대적이고 식민주의적인 유산이라고 할 수 있다.

비록 형식적으로나마 유지되었던 일본기독교조선교단은 조직된 지 불과 2주 만에 해방이 찾아와 그 조직이 해체되고 말았다. 한국 내 여러 교회들은 일제 말기의 억압과 해산의 압력에서 벗어나 각기 새로운 재건을 모색하게 되었다. 1946년 서울에서 남부대회가 열렸다. 남부대회는 일본기독교조선교단으로 구성된 장로교회와 감리교회의 통합 구성을 다른 형태로 유지하려고 모인 대회였다. 그러나 원래 오랫동안 각기 다른 신학과 조직을 가지고 있던 두 교단이 식민지 말기에 갑자기 강제에 의한 통합이 이루어진 상태라 그 형태를 유지할 수 없었다. 교단은 해체되었고 장로교회와 감리교회는 각각 해방 후 교회의 재건을 새롭게 추구하게 되었다.

해방 후 교회연합운동은 1968년 한국 기독교협의회로 새롭게 출범하였다. 기독교협의회는 세계기독교교회협의회의 한국협의회로서 한국 내의 기독교 교회와 기독교 기관의 연합체로 출범하였다. 그리고 1970년대 초에 한국 기독교협의회는 한국 기독교교회협의회로 그 조직을 변경하였다. 기존의 기독교 기관을 포함하던 것에서 기독교 교회만이 여기에 가입하도록 하여 교회연합체로서의 성격을 명확하게 하였다. 한국 기독교교회협의회는 1970년대부터 인권, 노동문제 등 사회 현안에 깊은 관심을 갖고 기독교 윤리의 관점에서 의견과 대안을 제시하여 왔다. 다만 진보적 신학과 노선을 견지하고 있기에 보수적 교회를 중심으로 성장한 한국교회를 다 포용하지 못하는 한계점을 노출하고 있다.

그러나 미국을 중심으로 한 보수적 기독교의 흐름에서, 유럽이 주도하는 세계기독교교회협의회와는 다른 복음주의 신앙고백에 근거한 새로운 교회일치 운동이 나타난 것이 1974년의 로잔협약이다. 로잔회의는 20세기 미국의 대표적 복음주의자 빌리 그레이엄이 주도하였고 세계기독교교회협의회의 진보적 신학을 꺼려하는 복음주의 기독교회들의 연합 운동을 표방하였다.

로잔회의는 근대 복음주의가 노예제도나 여러 사회문제에 적극적으로 참여하여 많은 성과를 내었으나 현대 복음주의가 그러한 사회문제에 대해 무관심했음을 반성하고 복음주의적 사회참여를 다짐하는 자리가 되기도 하였다.

한국에서 이러한 로잔회의를 반영하여 나타난 것이 한국기독교총연합회이다. 한기총으로 불리는 한국 기독교총연합회는 한국의 복음주의 교회와 단체들의 연합체로서 한경직 목사가 주도하여 창립하였다. 로잔의 정신에 따라 선교와 전도를 교회의 최우선 과제로 여기지만 분단현실에서 남북문제나 여러 사회문제에 복음주의적 관점에서 개입하려는 시도를 하였다. 한기총은 1989년 출범하여 1991년 정식으로 인가되었다. 그 후 북한에 의료지원과 식량지원 등 인도적 차원에서 지원을 지속하여 민간 차원의 남북관계 개선에 크게 기여하였다. 그러나 최근에는 초기의 복음주의적 사회참여라는 정신이 희석되고 의장 선출 문제 및 단체의 분열과 이단 시비 등으로 설립 정신의 빛을 많이 잃어 가고 있다.

한국교회 일치운동의 그늘은 교회연합운동의 노선과 신학이 한국교회 분열의 원인을 제공했다는 점이다. 진보적 노선의 한국 기독교교회협의회와 보수적 노선의 한국 기독교총연합회가 양분되었고 한국 기독교총연합회는 1980년대 이후 보수적 교회들의 분열 양상을 되풀이하는 것과 유사한 분열의 모습을 보여주고 있어 교회일치 운동이라는 말을 무색하게 하고 있다. 선교 1세기를 넘어 2세기를 향해 나아가는 한국교회는 더 폭넓은 신앙고백과 한국교회의 역사적 성찰에 근거한 새로운 교회일치운동의 모델을 정립할 시점이라고 보인다.

16

해방 후 한국 기독교는
어떻게 바뀌었나

1. 해방 후 한국교회의 외적 성장과 활동

1945년 해방이 되었을 때 한국의 인구는 3천 500만 명 정도였다. 그리고 개신교 인구는 1% 정도인 35만 명 정도에 이르고 있었다. 그로부터 50년이 지난 1995년의 한국 인구는 4천 700만 명이 되었고 기독교인의 수는 900만 명에 육박하게 되었다. 가히 폭발적인 성장이었다.

해방 후 한국교회는 교회 분열과 과거 청산의 어려움을 겪었지만 그 모든 것은 교회의 폭발적인 성장 속에서 잊히고 말았다. 1960년대 이후 한국 사회의 변화는 폭풍 그 자체였다. 한국전쟁의 후유증으로 인한 정신적 공황과 산업시설의 파괴로 인한 절대 빈곤 속에서 새로운 도약을 시작한 것이 1960년대 이후였다.

한국의 기독교회는 산업화로 상징되는 근대화의 정신적 지주가 되었다. 한국교회와 한국경제는 동반성장하여 왔다. 1970년대에 한국교회는 10여 년 간, 전체가 400% 성장하는 놀라운 기록을 보였고 오순절교회는 2,000%까지 급성장을 기록하였다. 이러한 성장은 1990년대 중반까지 지속되어 한국교회의 성장은 신화적 단계에까지 이르게 되었다.

이러한 성장을 토대로 교회의 사회사업과 복지사업도 크게 증가하기 시작하였다. 대형교회를 중심으로 복지기관을 설립하였고 예산도 폭발적으로 늘어나 개신교회의 사회복지 예산과 인원은 불교와 천주교를 압도했다.

1970년대에서 1990년대까지 한국의 개신교회는 한국 사회를 이끌어가는 선도적 종교의 역할을 하였다. 고등교육을 받은 사람의 숫자도 개신교인이 많았고 사회의 지도층에도 개신교인이 많았다. 일례로 정치인들 중에도 개신교인이 단연 압도적인 비율로 많았다.

기독교 학교 및 여러 교육기관과 현대 사회에 맞게 자기 조절 능력이 있었던 개신교의 신학적 다양성 그리고 세속 가운데서 거룩한 것을 추구하려 하였던 근대 기독교 사상가들의 기독교 이해 등이 한국의 압축적 근대화 상황과 맞물려 단연 중요한 연학을 하였던 것이다.

1990년대까지 세계 최대의 교회는 각 교단별로 한국에 존재하고 있다고 보도되었다. 오순절운동에서는 여의도순복음교회가, 감리교회는 광림교회가, 장로교회는 온누리교회와 명성교회가 세계 최대의 교회라는 영예를 누렸다. 세계 최대 교회 10개 중 7개가 한국에 있다는 뉴스가 보도될 정도로 대형교회의 출현과 성장이 두드러지게 나타났다.

한국 개신교의 선교사 파송도 그에 따라 늘어났다. 1974년 최초로 태국에 최찬영 선교사를 파송한 것을 시작으로 2000년이 되었을 때는 전 세계에 15,000명의 선교사를 파송하여 미국 다음으로 선교사를 많이 파송한 국가가 되었다. 1907년도 대부흥운동 이후로 '한국교회를 배우자'라는 구호 아래 한국교회는 세계교회의 주목의 대상이 되었다.

1970년대에서 1990년대까지 한국의 경제 성장도 매년 14%에서 12%를 기록하여 '한강의 기적'이라는 명성을 얻었고 이와 같은 시기에 한국의 교회도 기적적 성장이라는 소리를 들어 한국의 근대화와 기독교는 불가분의 관계를 형성하였던 것이다.

2. 외적 성장에 치우친 부작용

한국교회의 외형적 성장이 멈춘 것은 1995년경이었다. 모든 것을 성장에 맞추었던 한국교회의 성장이 빠르게 둔화되었다. 비슷한 시기인 1998년 한국의 경제도 국제통화기금의 구제금융을 받으며 타격을 입었고 그 이후 한국경제는 10% 이상 성장하던 1990년대 중반 이전의 성장을 단 한 번도 이룩하지 못하였다. 오히려 경제를 강조하던 정부는 한국경제를 저성장에서 구하지 못하였고 이는 과거의 방식이 더 이상 작동하지 않는다는 사실을 경험적으로 입증하는 것처럼 보였다.

한국 사회의 정체와 한국교회의 정체는 서로 맞물려 있었다. 사회 안에 나타난 문제들은 여과 없이 교회 안에도 그대로 드러났다. 한국 사회의 지배 구조의 문제가 드러나기 시작하였다. 21세기를 지나는 지금 공공부문의 부패와 무질서가 국민들에게 충격을 주었다. 방위산업체 및 원자력발전소에서 가짜 부품과 비리가 발생하였다는 소식은 국민을 경악시켰다. 고속 성장의 그림자 속에 청산되지 못한 부도덕이 암세포처럼 자라고 있었다.

경제 성장의 과실 속에 묻어 두었던 부패는 계속하여 자라 났고 이념적 편향과 갈등은 경제 위기를 맞을 때마다 분출하여 사회의 갈등 비용을 높였고 시민사회의 좌절감이 증대되었다. 2000년대 초 경제위기를 넘어서기 위해 형식적인 구조조정을 실시한 이후 한국 사회는 스스로에 대한 근본적인 성찰을 할 기회를 갖지 못하였고 사회의 갈등과 분열 그리고 부패 및 대립은 격화일로로 치달으며 현재에까지 이르고 있다.

한국 사회의 지배 구조의 낙후성 문제는 초고속 성장을 한 사회다운 면이 거의 없다는 점이다. 한국 사회 민간 부문의 대부분이 세습이라는 구조로 이루어져, 이러한 구조는 남한과 북한이 공통적으로 겪는 전근대적 사고의 유산임도 알게 되었다.

기독교 교회에도 대부분의 문제가 고스란히 드러났다. 많은 교회들이 교회 설립자나 설립 멤버들의 사유물로 취급되었다. 그 결과 교회의 주도권을 가진 집단들이 교회를 매매하거나 세습하거나 하는 퇴행이 2000년대에 줄지어 일어났다. 비판적인 목소리들이 있었으나 그 소리의 울림은 적었다.

한국교회와 한국 사회가 외적인 팽창에 집중하는 동안 내적인 성장과 성숙은 제자리걸음을 하였거나 뒷걸음질 치고 있었다는 사실이 드러나고 있었다. 소규모의 기독교 윤리운동이나 교회를 개혁하겠다는 움직임이 있었지만 호응도가 떨어졌고 실천 가능한 대안을 보편적인 관점에서 제공하는데 실패하였다. 이러한 움직임 역시 또 하나의 분파 운동에 그치고 말았다.

그로부터 다시 20년간의 긴 정체기는 한국 사회와 한국교회의 어두움을 서서히 드러내고 있었다. 각종 스캔들이 격화되었다. 예전의 당쟁을 방불케 하는 투쟁의 소식들이 크고 작은 공동체들을 위협하고 있고 교회를 떠나는 이들이 급속하게 증가하고 있다. 통계적으로 100만 명 이상의 기독교인들이 교회를 등지고 있다고 연구 자료를 통해 발표되고 있다. 여러 부문의 지도력이 의심받고 있었다. 2010년대 한국 사회와 교회는 어떤 극적인 전환점을 기대하고 있지만 납득할 만한 대안들은 보이지 않고 있다. 그 출구는 어디 인가?

3. 교회론 복원의 필요성

일제강점기와 해방 후 한국교회를 비교하자면 눈에 잘 띠지는 않지만 급격한 대중적 기독교로의 전환을 들 수 있다. 초기 한국교회에서 일제 강점기까지는 한국 교회의 구성원들이 대부분 평범한 시민들이었지만 교회의 운영과 윤리적 기준의 엄격성이 있었다. 예를 들면 초기 교회는 약 60여 년 간 치리를 엄격하게 수행하였다.

간단한 주일 지키기에서부터 신자의 덕목에 맞지 않는 행동은 즉각적으로 제재를 받았고 공동체의 처벌을 감수하여야 하였다. 청교도의 후예로 알려진 내한 선교사들은 대개는 예외 없이 엄격한 신앙규범과 교인의 윤리를 준수하도록 한국교회에 요청하였다. 그 동력 덕분에 부흥운동도 가능했고 사회운동도 펼쳤고 신사참배 강요의 모진 시련 속에서도 단호한 거부와 순교의 영광도 가능했다.

이러한 신앙 규범의 준수는 교파를 넘어 공유했기 때문에 평신도의 이명증서를 받고 교회를 옮기거나 이적할 때에 신자들의 신앙과 품성을 서로 존중할 수 있었다. 그것이 무너지기 시작한 것이 1960년대부터였다. 평신도 이명증서가 사라졌다. 교회는 신앙 규범을 근거로 치리하지 않게 되었다.

교회 성장이 신앙의 성장을 대신했다. 흔히 말하는 양도둑

질이 성행하기 시작했고 교인들의 유동성이 강화되기 시작하였다. 기독교는 서서히 유행이 되고, 교양이 되어가기 시작하였다. 한국교회 교인들이 성서를 읽는 시간이 급격하게 줄어들었다. 교회도 성서를 교육하는데 지속적인 노력을 포기하였고 그리스도인과 비그리스도인의 경계가 갈수록 옅어졌고 구분하기가 어려워졌다. 그것은 교회와 교회 밖과의 경계선이 매우 얇아지고 기준이 모호해졌으며 교회를 정의할만한 추상적 기준은 있지만 구체적 실천점이 거의 사라졌다는 것을 의미한다.

알곡과 가라지의 비유는 원래 세상에 뿌려진 복음을 의미하였다. 세상에 복음이 뿌려지면 그곳에 가라지도 함께 자라나게 되고 그래서 마지막 심판 때에 알곡과 가라지를 나누어 들인다는 것이었다. 그때 알곡을 거두어들이는 창고가 곧 교회였다.

그러나 로마 감독 칼리스투스의 해석으로 알곡과 가라지는 세상이 아닌 교회를 의미하는 것이 되었다. 교회 안에도 알곡과 가라지가 있다는 것이었다. 회개한 교인들에 대한 관용을 위해 이러한 해석을 했다지만 교회와 교회 밖의 구별은 모호해졌다. 그럼에도 불구하고 교회 밖에는 구원이 없다는 구원론은, 교회론과 구원론이 얼마나 상충되는지를 보여준다.

이것은 세속화된 교회들에게 공통적으로 나타나는 교회론이다. 교회를 교회답게 하지 못하고 그리스도인의 존재를 그리스인답게 하지 못하게 만드는 신학이론을 토대로 교회는 세속사회에서 성장을 구가하였고 그 결과 현대 한국교회의 가중된 혼란이 쓰나미처럼 덮치고 있다. 힘겨운 사실은 혼돈이 깊어지면 사실을 왜곡하는 이론들이 더욱 기승을 부린다는 사실이다.

해방 후 한국교회는 두 개의 얼굴을 가지고 있었던 셈이다. 한쪽에서는 양적 성장과 그것을 토대로 하는 봉사와 복지의 활동이 활발하게 진행되었던 반면 다른 한쪽에서는 지배구조의 왜곡이 교회와 기독교인의 정체성을 약화시킴으로써 이러한 성장이 가능했다는 것을 오늘의 양면적 현상이 증명하고 있다.

교회의 본질을 회복하기 원하는 열망이 한국교회에서 사라진 것은 아니다. 아직도 많은 그리스도인들은 신앙의 회복과 교회의 복원을 소망한다. 다만 그것을 이룩하기 위해서는 아픈 대가를 치러야한다는 사실을 인정하지 못하고 있는 현실이 남아 있다. 이것을 치를 각오가 되어있다면 한국의 기독교 회와 기독교인의 정체성은 회복될 수 있을 것이다. 미래가 여기에 달려있다고 보인다.

한국교회의 나아갈 길은
어디인가

1. 세속화의 과제

개신교의 본질적 속성 중에 하나는 세속화이다. 종교개혁은 영적인 사람과 세속적인 사람이 구분된다는 중세적 개념으로부터의 탈피였다. 종교개혁가 마르틴 루터의 만인사제설은 이러한 개신교의 성속 이원론을 종결하는 사상적 토대를 제공하였다. 이러한 세속주의 사상은 오직 종교만이 거룩한 것이라는 개념도 탈피하게 하였다. 모든 직업이 거룩한 것이라는 생각이 근대 사회를 지배하였다. 루터의 이러한 사상은 존 칼빈과 존 웨슬리에게 이어졌다. 존 웨슬리의 직업소명설은 바로 이러한 근대 기독교가 추구한 세속화 사상의 정점을 이룬다고 할 수 있다.

지난 한 세기 이상 한국에서 기독교가 환영을 받고 크게 기여한 것도 이러한 세속주의 경향에 기인한 것이라고 볼 수 있다. 그러나 종교개혁 이후 개신교의 세속주의가 기독교의 세속화 방향을 의미한 것이라고 할 수는 없다. 오히려 세속적인 것을 기독교적 영성과 윤리로 거룩하게 만들어가는 것이 개신교회의 세속화의 방향이었다.

그런데 1960년대 이후 한국교회의 세속화 과정은 원래 추구하던 세속적인 것에 거룩한 것의 영향을 주는 것에서 그의 역방향으로의 흐름이 조성되었다는 인상을 준다. 세속적인 것의 기독교화라기 보다는 기독교의 것을 세속적인 방향으로 해석하고 변질을 주었다는 인상을 강하게 남기고 있다.

그리고 그 부작용을 강하게 경험하고 있는 것이 1990년대 중반 이후 한국교회의 현실이다. 한국갤럽에서 5년차로 조사하는 한국종교에 대한 여론 조사에 따르면 1990년대 이후 한국인들이 갖는 개신교회에 대한 이미지는 바로 세속화된 종교의 모습 그것이었다. 교회는 종교적 상품을 판매하는 곳처럼 인식되었고 특히 대형교회는 거대한 종교시장의 기업체 이미지로 보였다. 그리고 교회 목회자들의 이미지는 기업체의 최고경영자와 중첩된다고 대답한 한국인이 대다수였다.

물론 한국의 개신교회만 세속화의 길을 밟아 온 것은 아니었다. 천주교회와 불교 등 다른 종교기관들도 예외 없이 세속화의 경향을 띠고 있었다. 그럼에도 불구하고 개신교회는 외적 이미지에서 불교나 천주교에 비해 더욱 세속화된 이미지를 띠게 되었다.

사실 한국의 경제개발 시대나 산업화 시대에 개신교회가 던져준 세속적 메시지는 경제개발과 성장의 정신적 토대를 제공하였다. 그리고 그것은 한국 사회에 오랫동안 받아들여졌던 대중적 이데올로기였다. 그러던 것이 1998년 구제금융 이후 한국의 경제가 정체기에 접어들고 화려했던 한강의 기적이 주춤해지면서 과거의 방식들이 작동을 멈추거나 효율성이 크게 떨어지기 시작하였다.

새로운 것이 필요한 시대가 도래 했다. 그러려면 새로운 길을 제시하는 주체에 대한 신뢰가 필요하였고 대중의 욕망은 그것이 과거의 것보다 나아야 한다는 환상도 있다. 개신교회의 딜레마가 거기에 있는 셈이다. 첫째 과거의 관행과 방식에 너무도 익숙해진 개신교회는 새로운 길을 제시하는데 서툴다. 기독교적인 것을 세속적으로 해석하는데 익숙해져서 세속적인 것을 기독교화 하는 방법을 제시하지 못하고 있고, 정직하게 말하자면 그 원리를 망각해서 복원이 매우 어려운 상태처럼 보이기도 한다.

그러나 종교개혁의 전통에서 시작된 세속적인 것을 기독교화 한다는 개신교의 세속신학은 여전히 그 유용성도 존재하고 가능성도 존재한다. 한국교회의 다음 세기의 과제는 그곳에 있다고 본다.

2. 교회론의 정립과 그리스도인의 정체성의 문제

근대 사회로 진입하면서 개신교회는 그리스도인의 정체성을 지키기 위한 방법으로 종교체험을 강조하였다. 그 종교체험이란 중생 즉 거듭남의 체험이었다. 거듭남의 체험이란 성서에 약속된 것으로서, 성령으로 거듭남의 체험을 하는 것이 구현되는 대중적 경험의 역사적 흐름이 있었다.

영국의 웨슬리 부흥운동이나 미국의 대각성 운동의 전통이 바로 이것이 시작됨을 알리는 표지였다. 18세기에 시작된 이 운동은 20세기 중반까지 세계의 기독교를 이끌고 왔다. 그

럼으로써 기독교회는 교회의 교회됨의 정체성을 확립할 수가 있었다. 그리고 그 정체성이 확인된 후에야 기독교는 윤리적 힘을 발휘하고 시대적 소명을 감당할 수 있었다.

지난 130여 년간 한국의 기독교는 어떤 부분에서는 시대적 소명을 감당하였고 어떤 부분에서는 시대적 소명에 둔감했다고 할 수 있다. 적어도 1970년대 이전의 기독교는 한국 사회를 이끌어가는 주도적 역할을 하였고 도덕의 기준을 제시했으며 근대화의 모형을 보여 주었다.

그러나 급속한 경제성장과 함께 모든 종교적, 도덕적 담론들이 경제로 환원되면서 한국교회는 길을 잃어왔다고 보인다. 경제성장은 한국 사회의 모든 담론을 빨아들이는 담론의 블랙홀이 되었다. 한국 사회와 한국교회의 세속화의 핵심에 경제성장이 있고 또 한국경제 성장담론의 한계는 모든 것이 화폐로만 계량되어야 한다고 믿는 화폐자본주의에 있었다. 한국의 경제는 자연과 인간이라는 화폐로 환원 될 수 없는 것들도 화폐로 계량화하려고 시도함으로써 한국의 문화적 전통, 삶의 방식과 공동체가 순식간에 사라져 버리고 말았다.

1970년대 이후 한국교회는 이러한 경제담론을 이끌어 왔으며 그것을 신의 축복이라고 미화하였다. 그러나 영원한 성장은 없는 법. 1998년과 2008년에 있었던 두 번의 경제위기는 한국 사회가 지켜온 과거의 방식들에 의문을 제기하였을 뿐 아니라 그 시대가 이미 종결되었음을 보여 주었다. 들뜨고 뜨거웠던 한강의 기적은 서서히 멈추고 새로운 변화가 나타났다. 다만 한국교회와 한국 사회가 그것에 전혀 준비가 되지 않은 채로 새 시대에 진입했다는 사실만 제외하면, 새 시대에 접어든 것은 확실하다.

약간 부풀려졌던 개신교회의 통계를 감안하면 1,000만 명이 넘는다는 한국교회의 신도들은 사실 800만 명 정도로 추산되었다. 게다가 교회 성장은 정체를 넘어 감소세로 돌아서고 있다. 이와 같은 추세로 2030년이 되면 한국 개신교인의 숫자는 400만 명대로 떨어질 것이라는 비관적 관측도 있다. 개신교회를 다니다가 이탈하여 교회 밖에 기거하는 한국교인이 최대는 300만 명 적게는 100만 명 정도에 이를 것이라는 조사결과도 또한 있다. 그렇다면 성장 일변도의 한국교회의 이해는 종식되어야 마땅할 것이다. 다행히 최근 한국교회 여러 곳에서 새로운 움직임이 포착되고 있다. 교회의 윤리를 새롭게 하려는 운동도 일어나고 있고 교회의 제도를 갱신하려는 운동도 일어나고 있다. 그런데 이러한 운동들의 확산 속도도 느리고 그 결과도 빠르게 반영되고 있다고 보이지는 않는다. 과거의 관행의 힘이 그만큼 컸다는 방증도 될 것이고 그 방법이 과연 옳은가에 대한 의문도 남는다.

본질적인 요소는 그리스도인의 정의를 어떻게 새롭게 할 것인가에 달렸다고 보이며 그것은 자연스레 교회란 무엇인가를 결정하는 신앙적 귀결에 이르게 될 것이다. 거기에서 우리는 근대 기독교의 유산에 시선을 집중할 필요가 있다. 그것은 중생의 신앙이다. 칭의와 중생이라는 근대 기독교의 발견은 현재에도 유효하다. 그것이 신학적 이론을 넘어서 원래의 체험과 헌신이 될 때 비로소 유효하다. 한국교회의 과제는 그리스도인이 되기 위한 영적인 경험으로서의 중생과 성령으로 거듭난 이들의 모임으로서의 교회가 되는 것이다. 그 지점에서 교회의 새로운 출발이 가능할 것이다.

3. 시대적 사명을 발견하고 충실하기

　기독교가 역사적 종교라는 것은 성서의 기록이 보여주는 것을 통해 이해되어 왔다. 아브라함의 선택과 출애굽 사건은 하나님의 언약 위에 기초하여 하나님이 그 언약을 기억하시고 이스라엘을 계속 인도하신 것을 통해 역사적으로 입증되었다. 그러므로 기독교 신앙은 역사적 사건에 계시된 하나님의 언약의 신실함을 믿는 것에서 출발한다.

　신약성서는 아브라함과 하나님 사이 그리고 하나님과 이스라엘 사이의 언약을 갱신한다. 예수 그리스도는 구약의 언약을 파괴하지 않고 새로운 언약을 통해 옛 언약을 완전하게 성취한다. 기독교인의 역사관은 이러한 요소를 반영한다. 신앙은 역사를 통해 계시하고 활동하시는 하나님에 대한 고백에서 출발한다. 그러므로 한국의 기독교 역사는 성서를 통해 알려진 하나님과 계약의 연장선에 있는 것이다.

　한국의 교회는 그 약속의 일부로 선택되었고, 그 믿음에 근거하여 고백하고 헌신하는 것이다. 그러므로 한국교회가 활동하는 시간과 공간은 성서를 통해 자신을 계시하신 하나님의 활동 공간이다.

우리의 과제는 과거의 역사에서 얻어진 교훈을 통해 이를 말씀에 비추어 보고 새로운 미래를 향해 나아가는 것이다. 미래를 향해 나아간다는 의미는 사실은 현재의 계시에 충실하다는 의미이다. 기독교에 주어지는 계시는 이중적이다. 하나는 인간이 겪는 죄와 고통이다. 허무와 고난은 하나님의 구원을 열망하게 하는 부정적인 원천이다. 그리고 다른 한쪽에 복음이 있다. 복음은 인간의 고난과 허무에 응답하여 구원의 길을 열어준다.

인간이 겪는 고난은 자아가 팽창하고 폭발하는 현상에서 출발한다. 그러나 그것은 단순히 내적이고 심리적인 것만은 아니다. 그것은 사회적이며 인간과 인간, 집단과 집단의 비대칭적 지배의 형태로 나타난다. 죄는 관계의 파괴이고 관계의 파괴는 존재를 위협한다.

기독교회는 오랫동안 내면적 죄와 더불어 국가가 괴물이 되지 않도록 하여왔다. 로마에서 기독교가 국교가 된 것은 교회가 겪은 힘겨운 싸움을 보여준다. 초기부터 시작된 박해는 종결되었으나 기독교가 국교가 된 로마는 기독교를 더 잘 통제하게 되었다. 박해는 저항을 통해 기독교의 고유한 성격을 지킬 기회를 주었으나 국가 종교로서의 기독교는 교회 상층부를 특권 계층으로 만들어 기독교를 여러 면에서 변질시킬 수 있게 되었다. 기독교 세계라는 모형은 대중적 기독교를 세속 사회 안에 건설한다는 주장을 펴게 하였으나 대중적 기독교는 윤리적 힘을 거의 소실하였다. 종교개혁은 그것에 대한 반동인 셈이었다. 종교개혁은 초기 기독교, 성서적 기독교의 회복을 외쳤지만 그것은 부분적으로만 성취되었다. 기독교에서 세계로 가는 힘과 세계에서 기독교로 오는 힘의 불균형이 항상 존재하게 되었다.

1970년대 이후 한국교회의 과제는 세속화의 방향이 교회에서 세계로가 아니라 세계에서 교회로 바뀌었다는 점이다. 이제 방향 전환이 절실하게 요청되고 있다. 한국 사회의 아픔의 소리가 메아리치고 있다. 인간과 자연은 분열되었고 인간의 내부도 균형을 잃었다.

신학의 역사를 볼 때 먼저 그리스도인이 누구인가, 교회가 무엇인가를 물었다. 그 후 근대에 들어와서는 국가가 신학적으로 무엇이냐고 물었다. 현대에는 경제가 무엇이냐고, 기업이 무엇이냐고 물어야 할 차례가 도래한 것처럼 보인다. 기독교 국가라는 사상 속에서 교회가 한때 국가에 종속되었던 것처럼 현재는 교회가 기업의 형태로 기업 세계에 종속되어 있다. 교회와 기업을 분리하고, 기업화된 교회를 하나님의 말씀의 공동체로 회복시켜야 한다. 그리고 그 후에 경제를 거룩한 행위로 승화시킬 영적인, 신학적인 작업이 우리 교회가 직면한 미래의 과제이다. 다가오는 한 세대 동안 우리에게 주어진 사명은 이것이라 확신한다.

맺음글

인간은 역사와 세계를 두 가지 관점에서 나누어 본다. 하나는 세계의 존재와 역사가 우발적이고 우연적인 사건의 연속이라고 보는 것이고, 다른 하나는 세계의 존재와 역사는 필연적 법칙에 의해 조성되었고 움직여 간다고 보는 입장이다. 이와 같이 서로 다른, 어찌 보면 반대되는 사상이 가능한 것은 인간의 지식이 늘 불완전하기 때문이다. 지식의 불완전성은 인간의 불완전함에 기인한다.

기독교의 신앙고백은 인간의 불완전함에도 불구하고 완전하신 하나님을 믿는 신앙을 통해 불완전한 인간이 구원받을 수 있다고 믿는데서 출발한다. 인류의 역사를 돌이켜보면 그것은 진리를 점진적으로 밝혀온 것이며 그 진리의 빛 가운데서 진보와 행복을 추구해왔다고 할 수 있다.

기독교의 신앙고백은 예수 그리스도를 통해 모든 진리와

선과 아름다움과 생명의 근원이 되시는 하나님을 발견하고 그 하나님의 빛 속에서 인간의 실존을 찾고 역사를 살아가도록 격려한다.

한국교회의 지난 130년간의 역사도 이러한 예수 그리스도를 통한 하나님의 진리가 인도하는 역사라고 우리는 고백한다. 결코 순탄치 않았던 한반도의 역사 속에서 기독교 신앙은 기존의 문화와 전통과 때로는 대립하고 때로는 수용하고 변화시키면서 한국의 근대사 속에 자리매김하여 왔다.

기독교 120주년을 기념할 무렵 한국의 한 일간신문이 조사한 바에 의하면 한국의 근대화에 가장 크게 기여한 주체가 누구냐는 질문에 한국 시민의 다수가 기독교라고 응답한 바 있었다.

21세기 초기를 지나는 지금, 세계의 역사는 또 하나의 격변을 예고하듯이 낡은 것들이 빠르게 사라지고 새로운 것들이 급속히 도래하는 것을 목격하고 있다. 한국의 기독교 역시 이러한 시대적 변화에 직면하고 있다. 불과 한 세기 만에 교회의 관습들은 빠르게 소멸될 위기에 직면해 있고 다른 곳에서는 새 시대의 요구에 부응하기 위한 모색이 진행되고 있다.

21세기 초를 지나는 지금, 세계의 역사는 또 하나의 격변을 예고하듯이 낡은 것들이 빠르게 사라지고 새로운 것들이 급속히 도래하고 있다. 한국의 기독교 역시 이러한 시대적 변화에 직면하여 불과 한 세기 만에 교회의 관습들은 소멸할 위기에 봉착해 있고 새 시대의 요구에 부응하기 위한 모색이 진행되고 있다.

한국교회의 역사는 이러한 새 시대를 향한 현재와 미래의 과제에 어떻게 지혜롭게 대응할 것인가를 보여주는 거울이다. 성공했든 실패했든 과거의 사실은 오늘을 만든 사건이며 그를 통해 내일을 가능케 할 오늘을 살아갈 지혜를 배울 수 있기 때문이다. 한국교회의 역사를 돌아보며 하나님의 섭리를 발견하고 겸손하게 물을 수 있다면 그 지혜는 더욱 빛날 것이다.